L'ART DE L'ENFANCE

Mais le vert paradis des amours enfantines,
Les courses, les chansons, les baisers, les bouquets
Les violons vibrant derrière les collines,
Avec les brocs de vin, le soir, dans les bosquets,
Mais le vert paradis des amours enfantines,
L'innocent paradis, plein de plaisirs furtifs,
Est-il déjà plus loin que l'Inde et que la Chine ?

CHARLES BAUDELAIRE

Amour endormi
Volterrano, Galleria Palatina, fresque, 1665-1670, 73 × 43 cm, musée des Offices, Florence.

À trois petites filles dans le vent

L'EN

SOPHIE DE SIVRY

LAURENT BECCARIA

L'ART DE FANCE

Suivi de *Lettre à une mère*
par le professeur Bertrand Cramer

L'ICONOCLASTE

Les Curieuses
Jean Honoré Fragonard, huile sur bois, 16 × 13 cm, musée du Louvre, Paris.

À hauteur d'enfant

Selon le principe du « musée imaginaire », j'ai suivi, à travers les peintres, la vie d'un enfant de la naissance à l'âge de raison. Les tableaux nous racontent une histoire, un film muet fait d'images fixes, de surprises et d'harmonies, de rapprochements et de silences. Je voulais un livre à hauteur d'enfant, contemplatif et gai à la fois, qui renoue avec le vert paradis que chacun de nous a rêvé ou vécu.

En commençant ce travail, j'ai d'abord été séduite par les peintures les plus anecdotiques : des images d'insouciance et d'amitié, de déguisements et de jeux de balle, qui reflétaient bien la réalité de l'enfance vue de la fenêtre ou d'un banc de jardin. Mais j'ai voulu aller plus loin. Certains tableaux accrochaient mon regard et déclenchaient des émotions oubliées. J'avais soudain l'impression que la toile faisait revivre le Pinocchio des contes, cette mémoire enfantine enfouie en chacun de nous. Au-delà des époques et des mondes qui nous séparaient, l'artiste avait atteint la vérité intérieure de l'enfance.

Un sentiment commun relie l'enfant du Quattrocento qui embrasse avec douceur le visage fatigué de son grand-père, et la petite fille de Modigliani, aux yeux d'opaline, envahie de sentiments qui ne se disent pas. Cet enfant de Pompéi qui déchiffre un rouleau, avec application, à deux doigts de son visage, c'est l'enfant de la fresque des Mystères et c'est le nôtre. Dans la fenêtre de Balthus et dans celle de Chagall, se lisent le même élan vers l'inconnu et la même crainte du dehors.

Si l'enfance est unique, un homme et une femme ne la traversent pas de la même manière. Il était intéressant qu'un homme apporte cette expérience si particulière de la paternité, faite de distance et d'intimité extrême. En résonance avec les toiles, Laurent Beccaria a écrit le texte de ce livre, fait de choses vues, de citations d'écrivains et de réflexions intérieures.

Enfin, j'ai demandé au professeur Bertrand Cramer de compléter notre approche d'un point de vue scientifique. En s'adressant à une jeune mère, il reprend les grandes étapes du développement infantile à la lumière des découvertes les plus récentes, car, quand il s'agit d'un enfant, l'émotion est aujourd'hui inséparable du savoir.

Nous portons l'enfant en nous. Le tout-petit vit accroché dans nos bras pendant des mois. Ce contact, immédiat et charnel, nous prive parfois de profondeur de champ. Lorsque j'ai commencé ce livre, je voulais comprendre pourquoi nos enfants nous bouleversaient tant. Je sais aujourd'hui qu'ils sont nos racines et qu'ils nous révèlent à nous-mêmes.

Sophie de Sivry

Tête de jeune fille
Emile Schuffenecker, huile sur bois, musée d'Orsay, Paris.

Naître

Longtemps avant de naître, il était déjà là. De cet étrange voyage, nous ne saurons rien. Un jour, une nuit, saisi par une force qui s'impose à lui, il est projeté dans l'inconnu. Et le voilà, à peine plus grand que l'avant-bras, humide et démuni. Ses pieds, qui n'ont jamais touché le sol, font des pas de héron. Son regard fixe semble étonné d'être là. Mais, petit étourneau tombé du ventre, il reconnaît notre voix et, déjà, il serre notre doigt avec une vraie force.

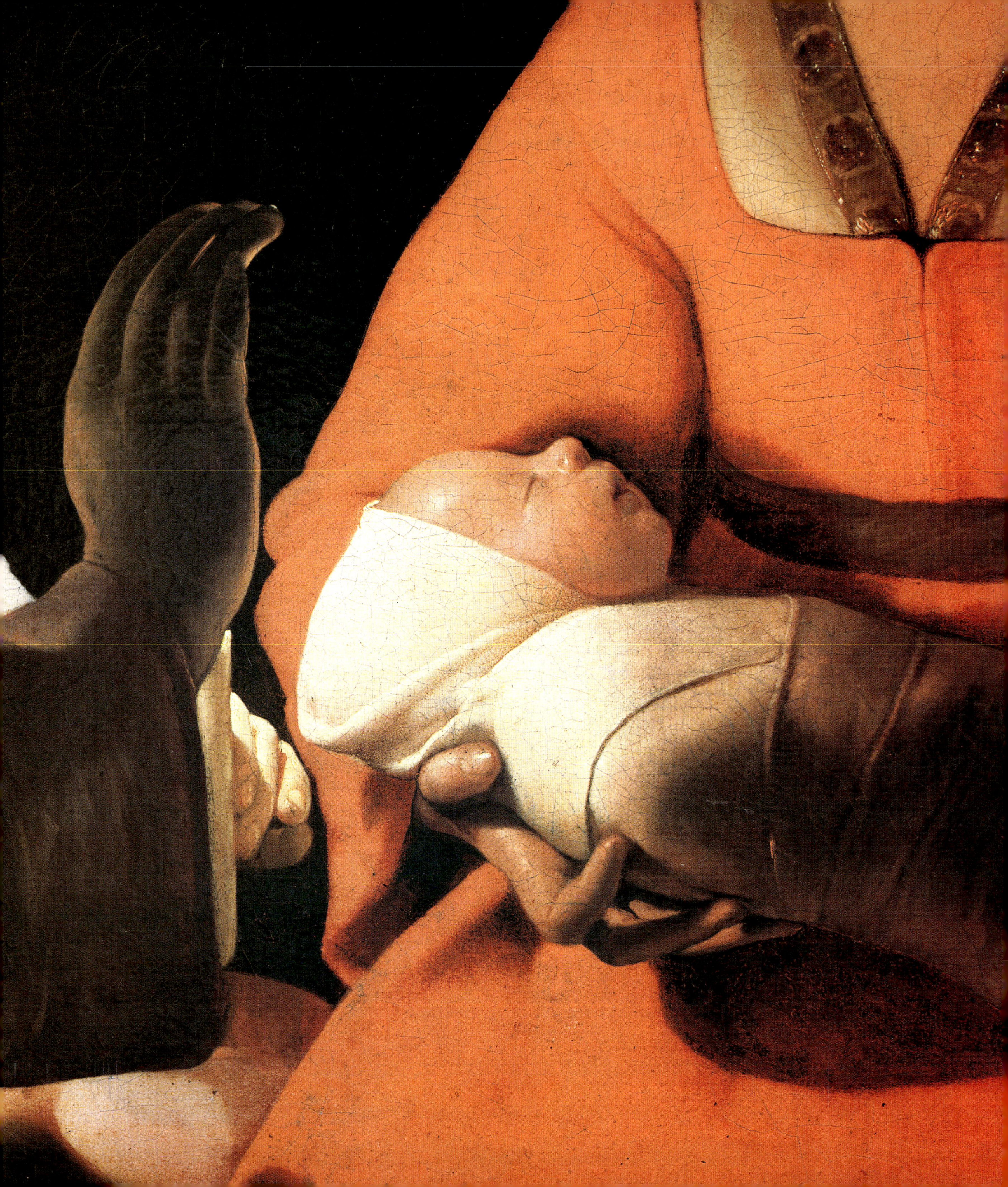

C'est une décision prise à deux, en secret, avec un élan inconscient de la suite. Une heure, un jour, la machinerie s'enclenche : les cellules se multiplient deux par deux, cent par cent. Il est plus petit qu'une tête d'épingle, à peine une goutte d'être humain. Bien plus tard, nous comprendrons ce que donner la vie veut dire. Mais tout est trop irréel encore. Un matin, nous apprenons son existence. Un songe flotte au-dessus de nos têtes. Il n'a pas de visage et pas encore de nom. Nous espérions bien sûr sa présence, mais cette nouvelle change tout. Quelqu'un est entré dans notre existence. C'est une joie immense, avec des passages d'inquiétude, comme des nuages d'altitude.

Il faut feuilleter des livres pour apprivoiser son image. Le voilà, rose et blanc, flottant dans le liquide amniotique. À six semaines, c'est encore un embryon. Il ressemble à un œuf transparent, avec une tête de petit chat, des protubérances, des cavités, des formes encore en gestation et deux boules de poivre noir pour les yeux. Déjà le cœur bat sans relâche et pompe le sang.

Bercer un bébé tout juste sorti de soi... Sa tête tient dans la paume. Hier encore, il était recroquevillé sur lui-même, les genoux repliés, le corps baigné de liquide, presque à l'étroit dans le ventre. Tous les bruits du monde se sont arrêtés sur le seuil de la chambre. Georges de La Tour enveloppe le nouveau-né de silence.

C'est comme une lumière dans la nuit, un murmure.

Ci-contre

Le Nouveau-né *(détail)*
Georges de La Tour, huile sur toile, vers 1648, 76 × 91 cm, musée des Beaux-Arts, Rennes.

Page précédente

Vierge à l'enfant *(détail)*
Andrea Mantegna, huile sur toile, 42 × 32 cm, Staatliche Museen, Berlin.

La lutte avec lui est inégale. C'est un dévoreur d'énergie. Le ventre de sa mère se courbe légèrement, sa poitrine se remplit de sève. Il prend possession d'elle. Au cours de la journée, elle reste parfois quelques instants immobile, le front contre la vitre, une main posée sur son ventre bombé. Puis elle se retourne et rit, en reprenant le fil de ses occupations. « Le sommeil, à des heures capricieuses, s'emparait de moi. J'étais reprise, comme dans mon enfance, par le besoin de dormir sur la terre, dans l'herbe, sur la paille échauffée », racontait Colette. La vie passe. Il faut s'abandonner à elle comme on se laisse porter par le courant.

Une vie en miniature

Au bout de quelques semaines, petite taupe aveugle, il pointe un bout de tête ou de pied à la surface du ventre. C'est en le sentant bouger pour la première fois qu'elle se met vraiment à croire à son existence. Il est là, sous la peau. Elle pourrait toucher ses orteils et ses mains. Sur l'écran noir et

Le berger prend l'enfant dans ses bras en corbeille. Il souffle sur la bouche du petit : « Le vert de l'herbe » il dit. Il souffle sur les oreilles du petit : « les bruits du monde » il dit. Et il souffle sur les yeux du petit : « le soleil ».

Jean Giono

blanc, comme des pointillés qui se meuvent sur le ciel magnétique d'un contrôleur aérien, il apparaît pour la première fois. C'est lui, mais ce n'est pas lui. Les perspectives sont fausses, le nez est large, le front, trop rond. Un mois plus tard, la constellation de points blancs n'est déjà plus la même.

Accroché à l'intérieur de sa mère, bercé par son mouvement, il prend ses marques. Elle est gagnée par sa douce torpeur. Une sorte de plénitude, qui vient de loin, l'envahit peu à peu. Elle imagine le va-et-vient des graines portées par le vent. Elle se rend compte de la puissance de la nature. Il faut une force inhumaine pour s'enfouir sous la terre, mûrir, étendre des racines et pointer une feuille à l'air libre. Elle ne voit plus les arbres ni les plantes de la même manière. « À la saison sèche, lorsque les travaux des rizières se relâchaient, les hommes pensaient davantage à l'amour et les femmes de la plaine étaient prises naturellement à cette saison-là. Et dans les mois qui suivaient les ventres grossissaient. Cela continuait régulièrement, à un rythme végétal, comme si d'une longue et profonde respiration, chaque année, le ventre de chaque femme se gonflait d'un enfant, le rejetait, pour ensuite reprendre souffle d'un autre », racontait Marguerite Duras. Attendre un enfant, c'est battre à l'unisson du vivant, cette

C'était quelque chose de tout à fait différent, quelque chose de neuf, de si… Des larmes dansèrent dans ses yeux ; elle murmura doucement à l'enfant : « Bonjour, mon drôle de petit… »

KATHERINE MANSFIELD

L'attachement n'est pas immédiat. La mère et l'enfant se découvrent peu à peu. Durant les premières heures qui suivent la naissance, l'intimité de la grossesse fait place à un sentiment d'étrangeté, rendu par le visage méditatif, presque absent, peint par Bellini. C'est un bouleversement profond de tous les repères.

Ci-dessus

Présentation au Temple *(détail)*
Giovanni Bellini, Biblioteca Querini Stampalia, Venise.

Page de droite

Naissance de Marie *(détail)*
Maître de l'Observance, musée d'Art sacré, Asciano.

pulsation qui fait naître et mourir à chaque instant des milliards de cellules.

Il a encore les paupières closes. Ce petit aveugle est un lutteur. Ses ruades redoublent la nuit. Il frappe du pied, il se retourne. Il entend les bruits du dehors à travers la ouate de la peau et les bruits du dedans, amplifiés par l'aorte qui bat. Il ne peut presque plus bouger tant il a grandi.

C'est une étrange vie que celle de préparer l'arrivée d'un enfant. Tout est suspendu : les occupations, les projets, les amis. Il faut lui ménager une place, laisser un peu de blanc et de vide pour lui. Parfois sa mère entre dans une boutique et prend deux petites chaussures blanches, souples, légères comme du duvet. Posés sur sa paume, les deux pieds paraissent si petits... Elle cherche à s'habituer à une vie en miniature.

Deux mains se posent sur lui

Un jour, une nuit, il décide de venir. Dans le couloir de la maternité, d'autres hommes et d'autres femmes embarquent aussi vers l'inconnu. Chacun vit son histoire comme si elle était unique – tout simplement parce qu'elle restera pour eux unique –, la nuit de sa première nuit.

Neuf mois de vie commune s'achèvent dans quelques heures. L'adieu au ventre maternel se fait dans la douleur. Il n'en peut plus dans ce ventre trop étroit. Aveugle, recroquevillé, la tête pesant contre l'enveloppe de l'utérus, l'aventure de la naissance commence pour lui. Il se sent aspiré et retenu, oppressé de toutes parts, projeté vers l'avant millimètre par millimètre.

Sa mère est pâle. Allongée sur le lit, elle sent des vagues de douleur se former une à une, puis s'écraser en elle, avant de mourir lentement. Dans son tunnel, il avance inexorablement. Il se bat pour rejoindre le jour. Chaque contraction le rapproche un peu plus de la lumière. La sage-femme guide ce corps minuscule. C'est une plaque de cheveux mouillés. Il a la tête en dehors, le corps en dedans. Un être humain pointe son nez sur la terre.

Tout va trop vite maintenant. Le voilà soudain à l'air libre, dans un flot d'eau et de sang. Pour lui, tout est insolite, même respirer. Il a les bras maigres, la bouche qui aspire l'oxygène, des jambes immenses, et pourtant il est tout petit. Fille ou garçon, il prend soudain une réalité si incroyable qu'on oserait à peine le toucher. Ses membres désarticulés apprennent le vide. Ses pieds, qui n'ont encore jamais touché le sol, font quelques pas de héron.

Comme dans un éclair, des images reviennent à la surface. Nous revoyons les photos de l'embryon, cette bulle translucide, et les images en noir et blanc des écrans magnétiques qui

Dans les derniers jours de sa vie utérine, les rêves ont occupé la moitié de son temps de sommeil. Cette intense activité cérébrale se lit dans les yeux du nouveau-né. Il perdra rapidement cette lueur venue de son voyage nocturne. Mais pour quelque temps encore, chacun peut lire dans son regard de penseur le miracle de la naissance.

Un bébé
Dod Procter (1891-1972), The Fine Art Society, Londres.

découpaient son profil dans la nuit. Elles appartiennent désormais à un autre monde. À leur place, nous découvrons une boule de chair incroyablement présente, grise et violacée, reliée au ventre par un cordon beige strié de bleu.

Il est déposé sur le ventre de sa mère. Elle le touche à peine, juste une caresse qui remonte la colonne vertébrale. Puis elle le serre tout contre elle. Peau contre peau, c'est une femelle avec son petit, mouillé, désarmé, niché contre elle. Elle ne sera plus jamais la même. « C'était quelque chose de tout à fait différent, quelque chose de si neuf, de si... Des larmes dansèrent dans ses yeux ; elle murmura doucement à l'enfant : "Bonjour, mon drôle de petit..." », racontait Katherine Mansfield. Son visage, tendu par la douleur, retrouve aussitôt sa souplesse. Ses pupilles se dilatent d'émotion.

Deux mains se posent sur lui, l'une large et l'autre fine, à jamais liées par cet inconnu. La présence des perfusions, l'odeur de médicament et d'humeurs, s'estompent peu à peu. Il ne reste plus que deux yeux bleu nuit ouverts sur la lumière. Des émotions violentes flottent sous son crâne d'oiseau, encore mal suturé. Un va-et-vient de pensées muettes passe de lui à nous et de nous à lui. Nous lui chuchotons des mots de bienvenue, simples et maladroits. Il reconnaît ces voix venues d'outre-ventre.

J'étais un peu comme serait une hirondelle née d'hier
qui commencerait à ouvrir de temps à autre
son petit œil d'oiseau au bord du nid et s'imaginerait,
en regardant simplement une cour ou une rue,
les grandes étendues de l'air
que plus tard il lui faudra parcourir.

PIERRE LOTI

Une force nouvelle habite ces femmes. Quelqu'un est entré dans leur vie pour toujours. Elles doivent s'habituer à penser pour deux. Le petit est si dépendant et si fragile qu'une part d'elles-mêmes veille sans cesse sur lui. Picasso et Masaccio ont peint, à cinq siècles de distance, le geste de toutes les mères : serrer contre soi son enfant pour le protéger et l'apaiser.

Page de gauche

Saint Pierre faisant l'aumône
(détail de la mère avec l'enfant)
Masaccio, fresque, 1426-1428, chapelle Brancacci, Santa Maria del Carmine, Florence.

Ci-contre

Mère et enfant au fichu *(détail)*
Pablo Picasso, pastel sur papier, 47,5 x 40,5 cm, 1903, musée Picasso, Barcelone.

« Après une heure de sommeil qui succéda aux douleurs de l'accouchement, je vis en m'éveillant ce petit être endormi sur mon oreiller. J'avais tant rêvé de lui d'avance et j'étais si faible, que je n'étais pas sûre de ne pas rêver encore », racontait George Sand. Entre la mère et l'enfant de Paula Modersohn-Becker, c'est un dialogue muet, de peau à peau et d'odeur à odeur. Rarement un peintre aura traduit avec tant de force la sensualité primitive de la maternité.

Mère et enfant couchés
Paula Modersohn-Becker, 1906, Paula Modersohn-Becker Museum, Brême.

Il était heureux de se blottir contre son sein, heureux de pleurer quand elle pleurait, heureux de ne pas savoir pourquoi.

CHARLES DICKENS

Comme les enfants des contes

Au bout de quelques heures, chacun se sépare. Le père repart seul. Rien n'est venu marquer ce passage sur son visage ou sur son corps. Il sort de la maternité comme il était venu, à grandes enjambées. Il lui faudra du temps pour comprendre ce qui vient de lui arriver. Désormais, un être humain, qu'il est le seul à voir, l'accompagne sur l'épaule. À partir d'aujourd'hui, tout ce qu'il entreprendra, ce sera en pensant à lui.

C'est une nouvelle qui se proclame. En deux heures, comme des ronds sur l'eau, le cercle des initiés se propage. Protégée de ce murmure pour quelques heures encore, elle reste seule avec lui, son berceau tout près du lit. La tête posée sur l'oreiller, elle observe le nouveau-né à travers la paroi transparente. Ses jambes sont repliées sous son ventre. Il a un nez épais, les yeux gonflés, le front bombé, les ongles longs et marbrés. Il ouvre un œil étonné, le referme, crie et puis s'endort. Il respire comme s'il faisait cela depuis toujours. « Elle découvre, sous un bonnet de cheveux châtains, une petite figure aux yeux dormants et deux mains minuscules qui ont gardé les plis délicats, le chiffonnage d'une fleur de pavot en bouton. Déçue, intimidée, elle essaie d'ouvrir, du bout d'un doigt, une des petites mains tièdes et froissées, qui se contracte et serre... Elle reste là, attentive, jalouse, inquiète, prête à défendre et à combattre, en se demandant : Est-ce que je l'aime ? » racontait Colette.

L'amour est un mot qui ne convient pas pour décrire ce moment. Comment aimer quelqu'un qu'on ne connaît pas ? La mère a donné la vie et c'est déjà suffisamment bouleversant. Elle regarde ce tout petit étranger, à peine sorti de son ventre. Elle ne comprend pas ce qui lui arrive et, pour la première fois, cette incompréhension lui est douce. C'est une sorte de contemplation. Elle reste sur le seuil. Elle ose à peine entrer dans sa vie de nouveau-né. Voilà donc ce que voulait dire « avoir un enfant »... La couverture se soulève légèrement, à chaque respiration. Elle se met à craindre tout ce qui pourrait rompre ce miracle-là. Elle passe la nuit à ses côtés. Longtemps, elle se souviendra de ce silence, plein d'attentes.

Le lendemain, il faut apprendre à le porter. Sa tête, trop lourde pour son corps, repose dans notre paume. L'autre main enveloppe son ventre, pour le tenir serré. Un doux mouvement, comme aux temps utérins, le berce insensiblement. Il est chaud et il s'abandonne, léger. Il regarde parfois devant lui sans voir vraiment, accrochant des formes encore indistinctes. Ses yeux légèrement saillants découvrent le monde du dehors.

Les mères ont souvent dans le regard cette absence qui contraste avec la précision de leurs gestes. La mère et l'enfant mènent des vies parallèles, collés l'un à l'autre. Le tout-petit de Foujita s'abandonne au balancement de la nacelle. C'est comme s'il dormait de l'autre côté de la peau.

Une mère japonaise et son enfant
Tsugouharu Foujita, 1937, Christie's, New York.

於秋田
嗣治
Foujita
1937

哥麿筆
近江屋

Le corps de la mère est
un terrain de jeux et le jardin
du tout-petit. Il explore
avec ses mains et sa bouche.
Il escalade des monticules
en forme d'épaules et mordille
des bonheurs qui ont le goût
du sein. Accroché aux flancs
de sa montagne, il peut
découvrir l'étrange spectacle
du monde.

Ci-contre

Kintoki mordant le sein de sa mère
Kitagawa Utamaro, estampe,
musée Guimet, Paris.

Page de gauche

Femme se coiffant avec Kintoki
sur son dos
Kitagawa Utamaro, estampe,
musée Guimet, Paris.

Son regard nous parle d'un voyage dont nous ne saurons rien. Toute son énergie se concentre dans ses pupilles. Puis un voile tombe sur ses paupières et il se rendort. Il passe de bras en bras, comme les enfants des contes.

Le matin de la sortie, ses yeux se plissent à cause de la lumière. Il ne pleure pas. Il a désormais l'habitude des naissances. Ouvrir, quelques instants plus tard, la porte de chez soi avec un tout-petit dans ses bras est une minute d'éternité. Comme si chaque chose trouvait sa place dans l'ordre du monde. Les planètes semblent graviter autour de nous. En découvrant son nouveau berceau, il colle sa tête contre le bois, pour retrouver un muscle qui le tienne serré. Il bascule dans l'enfance et nous entraîne avec lui.

De l'autre côté de la peau

Il a son rythme à lui, ses pleurs nocturnes, sa bouche goulue, son ventre fragile. C'est un enfant tombé du nid. Semaine après semaine, il apprend à desserrer les poings. Ses doigts s'agitent au-dessus de sa tête. Notre vie tourne autour de lui, mais il ne le sait pas, trop occupé à passer chaque heure de la douleur au bien-être. Un peu de lait coule parfois de sa bouche, qu'il dépose sur nos vêtements. Il arrive que les pères se promènent dans la journée avec ces petits ronds sur la chemise, à la hauteur de l'épaule.

Elle l'emmène partout avec elle. Elle prend l'habitude de le caler sur son bras en toutes circonstances : se baisser, marcher, parler, s'affairer. C'est comme si elle le portait encore en elle, mais de l'autre côté de la peau. Il n'a pas fini son corps à corps avec elle. Ses mains malhabiles explorent déjà son visage. Il la griffe sur la joue.

Il lève peu à peu sa tête et c'est un effort de tout le corps. Les berceuses le calment, à moins que ce soit nous qu'elles apaisent. André Breton écrivait à sa fille : « Ma toute petite enfant, qui n'avez que huit mois et qui souriez toujours, vous qui êtes faites à la fois comme le corail et la perle, sachez que tout hasard a été rigoureusement exclu de votre venue, que celle-ci s'est produite à l'heure même où elle devait se produire, ni plus tôt ni plus tard, et qu'aucune ombre ne vous attendait au-dessus de votre berceau d'osier. Un jour du moins, qu'il vous plaise à penser que vous êtes née sans aucun contact avec ce qu'on est convenu d'appeler "les intérêts humains". »

Il y a des jours et des nuits, un printemps, un été, un hiver et un automne. Un jour de balade, sa mère le porte dans ses bras. Au milieu du chemin, il relève la tête, sort son pouce de la bouche et glisse « je aime toi », puis repose son front contre son épaule, comme pour s'enfouir dans sa peau. Elle le serre un peu plus fort encore. Elle murmure des mots de mère, qui viennent à ses lèvres presque malgré elle, pour son amour tout neuf. Ce fardeau à peine plus lourd qu'un panier de marché l'a fait naître à elle-même.

L'enfant et la mère ont blotti leur sommeil l'un contre l'autre. La paix sans ombre du petit matin est tombée sur eux. Les deux corps se confondent avec l'or de leurs rêves. Longtemps l'enfant gardera le besoin de mêler son sommeil au nôtre.

Les Trois Âges *(détail)*
Gustav Klimt, 1905, Galerie nationale d'art moderne, Rome.

Grandir

Il vit dans un présent qui ne finit pas, comme un hors-la-loi du temps. Enfant-toupie, il accapare notre attention. Sa bouche est pleine de baisers savoureux et de mots qui se bousculent. Enfant-lutin, il se raconte des histoires sans fin, incompréhensibles pour nous et peut-être aussi pour lui. Enfant-acrobate, il court sur un fil, vacille et se rattrape, mais c'est pour tomber un peu plus loin. Enfant-libellule, il a peur de tout et ne craint personne. Il traverse l'existence en sautant d'un pied sur l'autre.

Il entre le matin, encore endormi, traînant sa couverture à pas lents. Il grimpe dans un lit trop grand pour lui, un pied sur le sommier, l'autre pendu dans le vide, attendant les bras qui le hisseront tout en haut. Sa bouche est pleine de ces baisers « estroits, savoureux, gloutons et gluants » dont parlait Montaigne. Il s'allonge de tout son long sur la poitrine de sa mère, en frottant son nez sur le sein. Il respire un grand coup, comme s'il arrivait dans un jardin. Il ressemble à un nouveau-né de dix kilos. Il suce son pouce, ronronne doucement et chantonne. Un essaim d'abeilles entre par la fenêtre.

Avec le temps, il va perdre cette habitude de commencer la journée par un demi-sommeil. La porte ne s'ouvrira plus à l'aube ; quelque chose d'indéfinissable manquera à notre réveil.

Il n'est pas tout à fait grand mais déjà moins petit. Vivre avec lui, c'est découvrir une autre mesure du temps. Il choisit son rythme pour se laver, s'habiller et avaler son bol jusqu'à la dernière goutte. Dans l'énervement des départs, il frappe du pied, le sourcil en tempête : il ne peut pas sortir sans sa voiture rouge et il n'en démordra pas.

Son petit corps, qui n'est jamais si bien que nu, explose de joie de vivre. Il faut toujours qu'il s'affaire, pousse, entasse et déménage des trésors bien plus grands que lui. Il a l'énergie et l'audace des anges de Mantegna.

Ci-contre

La Rencontre *(détail, panneau central)*

Andrea Mantegna, 1465-1474, fresque, La Chambre des époux, Palazzo ducale, Mantoue.

Page précédente

La Rencontre *(détail, panneau de droite)*

Andrea Mantegna, 1465-1474, fresque, La Chambre des époux, Palazzo ducale, Mantoue.

Jeanne parle ; elle dit des choses qu'elle ignore ;
Elle envoie à la mer qui gronde, au bois sonore,
À la nuée, aux fleurs, aux nids, au firmament,
Tout un discours, profond peut-être, qu'elle achève
Par un sourire où flotte une âme, où tremble un rêve.

VICTOR HUGO

Il met dans ce caprice une tension qui nous dépasse. Et nous voilà à plat ventre sous le lit, ramenant à la lumière des miniatures en pagaille, mais ce n'est jamais la bonne...

Nous apprenons vite que pour lui tout est essentiel. L'important survient n'importe quand. Devant la porte d'un placard en désordre, sa tête à peine plus haute que notre genou, il demande pourquoi nous l'aimons. Il faut lui répondre sans attendre. Car dix minutes plus tard, la question s'est enfuie. Le tout-petit s'est réfugié en lui-même comme dans une tanière. Ce que nous pouvons lui dire ne l'atteint plus. Notre hors-la-loi du temps est déjà ailleurs.

En quelques mois, il découvre la plupart des grandes émotions humaines : marcher, parler, être seul, dire non. À un an, ses jambes le portent à peine : il prononce quatre mots sans consonne et dort jusqu'au milieu de l'après-midi. Douze mois plus tard, c'est une toupie qui court sur un fil et tombe. Sa tête est remplie de questions. Un moulin à paroles nous accompagne sans cesse. Son univers se démultiplie dans une spirale sans fin.

Une infinie tendresse

Cet apprentissage se fait au plus près de nous, ni tout à fait contre, ni tout à fait loin, « avec toi, Maman ». Son impatience n'a pas de limites. Arrête. Encore. Et moi. Je veux. Cent fois, il sollicite l'attention d'autrui. Tout est toujours trop haut pour sa main. Il doit quémander inlassablement notre aide pour regarder par la fenêtre ou franchir le ruisseau qui court au bord du macadam. « Mes souvenirs d'enfance remontent si loin que je me rappelle avec force la sensation d'être porté par des bras féminins pour descendre au salon, et de me cramponner à eux, terrorisé par la perspective de l'escalier escarpé que je voyais au-dessous de moi », racontait Charles Dickens. Il enrage de se sentir encore dépendant alors que la vie le passionne.

Manipuler est une seconde nature. Il faut qu'il se saisisse de tout et porte les objets à sa bouche : c'est comme s'il apprenait à lire le monde avec sa salive. Il vit sans recul les émotions de la vie : la faim et la soif, dormir, avoir peur, marcher, respirer, pleurer. Une grande partie de ce que nous greffons ensuite sur cet arbre originel relève de la distraction. Vivre, c'est souvent oublier l'essentiel et s'étourdir d'un rien. Il faudrait garder toujours

Elle ne se déplace qu'en courant. Il n'est pas question de perdre une miette de bonheur. Équilibriste d'elle-même, elle lance ses bras en avant pour négocier des tournants périlleux au mépris de l'apesanteur. Elle court et danse à la fois, sautille d'un pied sur l'autre.

Les touches de couleur de Maurice Denis nous rendent étonnamment présente la course de sa robe rouge dans le soleil.

La Petite Fille à la robe rouge
Maurice Denis, 1889, huile sur carton, 30 × 40 cm, collection Samuel Josefowitz.

ce besoin vital de s'élever et de franchir des obstacles que l'on ressent petit. « Vous rappelez-vous comment votre vie aspirait à sortir de l'enfance et à rejoindre "les grands" ? », demandait Rilke dans sa *Lettre au jeune poète*.

À deux ans, rien n'est accessoire. La moindre de nos absences est un voyage au long cours. Son visage est grave de la gravité de ses émotions. Il entortille entre ses doigts un torchon de coton blanc ou une poupée déchirée. Ce petit bout de tissu est une maman rien qu'à lui. Collé sous le nez, entourant le pouce, il le caresse inlassablement pour respirer son odeur. Sans doute voudrait-il que nous ayons toujours pour lui cette infinie tendresse. « J'enfonçais un petit jouet de porcelaine que j'aimais entre tous (un lièvre ou un chien) dans le coin de mon oreiller de plume et le contemplais avec ravissement : comme il était bien là, au chaud, à son aise ! », se souvenait Léon Tolstoï.

C'est un moteur à réaction, qui avance par explosions successives entre deux plages de calme plat. Il a des poussées de vitalité qu'aucun obstacle ne peut freiner. De retour à la maison, penché sur une feuille de brouillon, il écrase une pointe de feutre. Les couleurs vives l'attirent comme s'il pouvait badigeonner le ciel. Il jetterait de la peinture sur tout ce qu'il trouve. Parfois un seul trait lui suffit pour une page. D'un air satisfait, il dépose ces premières esquisses sur nos genoux et repart aussitôt, sans attendre de réaction.

Courir après ses pensées

Trop occupé à apprendre le nom des choses qui l'entourent, il pose dix questions, sans écouter la réponse. Il vocalise sans fin des mots juxtaposés, des consonnes avalées, toute une grammaire qui lui appartient. Nous traduisons pour l'étranger cette langue qu'il nous a apprise et que nous oublierons aussitôt. Plus tard, il suffira d'entendre l'un de ces mots-là pour que surgisse de notre mémoire le visage qu'il avait alors.

Il aimerait sortir et pourtant dehors tout lui fait peur. À peine franchie la porte du jardin, il s'immobilise, comme s'il avait besoin de temps pour s'habituer aux lieux, d'un pays à l'autre. Dépassé par ce qui l'entoure, il se mure en lui-même. Lorsque quelques bribes de pensées arrivent jusqu'à nous, elles nous impressionnent par leur étrangeté.

Il reste solitaire dans le jardin bien fermé de haies et de pierres sèches, sous les mûriers à nourrir des vers à soie qu'il élève. Il se raconte sans fin des histoires.

ARAGON

Le bac à sable est un monde en réduction, où tout se malaxe indéfiniment. Sculpter des formes avec un seau, frapper sa pelle sur le sol, détruire, reconstruire... Si démuni dans sa vie quotidienne, l'enfant savoure son pouvoir sur les choses. En quelques lignes délicates, réduisant les traits à l'essentiel, Bonnard a restitué la concentration d'un petit : plus rien n'existe qu'un peu de sable mouillé.

L'Enfant au pâté de sable *(détail)*
Pierre Bonnard, vers 1894, détrempe à la colle sur toile, 167 × 50 cm, musée d'Orsay, Paris.

B

Steinlen

Ah ! dit le chat, l'oreille tendue,
mais qu'est-ce que le bébé aime ?
Il aime ce qui est doux et qui chatouille,
dit la chauve-souris.
Il aime ce qui est bon, chaud,
qu'il tient dans ses bras quand il va s'endormir.

RUDYARD KIPLING

C'est l'âge où les poupées sont presque aussi grandes que soi. En serrant un peu de tissu contre sa joue, l'enfant se rassure. C'est une présence, un fétiche et une odeur rien qu'à lui. Le chat de Bonnard possède la grâce démesurée d'un petit, un air farouche et cette étrangeté qui les rend si familiers l'un à l'autre.

Page de gauche

L'Enfant à la poupée
Théophile Steinlen, 1889, huile sur carton, 56 × 38 cm, musée d'Orsay, Paris.

Ci-contre

Le Chat blanc
Pierre Bonnard, 1894, huile sur carton, 41,8 × 22,2 cm, musée d'Orsay, Paris.

Il a sa manière à lui d'organiser le chaos des événements et cette chose insaisissable que l'on nomme soi. « Je sais qui j'étais quand je me suis levé ce matin, mais j'ai dû, je crois, me transformer plusieurs fois depuis lors », confiait Alice au pays des merveilles. Ses pensées se posent sur les fils électriques du paysage. Un souffle d'air, et elles s'envolent.

Sa journée s'écoule dans une forêt de jambes. Il ne se sent pas petit, les autres sont grands. Pour lui, les arbres touchent le ciel. Son regard ne quitte pas les adultes qui sont assis là-bas sur l'escalier, à l'autre bout du monde. Ramuz racontait : « Je sens encore, à mes mollets nus, le froid mouillé de ces brins d'herbe qui me venaient plus haut que le genou. C'était un petit morceau de monde. Moitié gourmandise, moitié curiosité, il y avait dans ce verger de quoi occuper toutes les journées d'un petit garçon sans qu'il eût besoin d'en sortir. Je crois bien, en effet, n'en être jamais sorti. »

Pendant des heures, il patouille ses émotions dans un seau, asperge, s'éclabousse, verse et remplit indéfiniment la même eau. Nous l'entendons se raconter une histoire incompréhensible pour nous et peut-être aussi pour lui. Il recompose, avec ce qui lui tombe sous la main, un ordre différent et qui lui plaît davantage.

S'engloutir, sous le feu de l'été, dans un champ merveilleux, où les coquelicots vous arrivent à l'épaule... Ces secondes d'éternité, remplies de blés mûrs et de mystères de coccinelle, ne s'oublient jamais. La mère, le ciel et la maison sont, pour l'enfant de Monet, les confins du monde.

Coquelicots, environs d'Argenteuil
(détail)
Claude Monet, 1873, huile sur toile, 50 × 65 cm, musée d'Orsay, Paris.

J'avais deux longues tresses, sifflantes comme des fouets. Elles me servaient de cordes à passer dans l'anse du panier, de pinceaux à tremper dans l'encre ou la couleur.

COLETTE

L'activité brutalement l'épuise. Dix secondes suffisent pour que, soudain hors de lui-même, il lâche aussitôt ce qui l'accaparait depuis une heure. La fatigue l'aspire : à cet instant, il pourrait même s'écrouler. Sa respiration s'apaise, mais la faim le submerge aussitôt. Nous l'entendons se plaindre jusqu'à la première bouchée. À table, il détaille son assiette, avec un sérieux qui étonne. Un enfant ne badine pas avec l'amour. « Ma mère ouvrit le paquet du goûter, et nous commençâmes à dévorer le pain et le tendre saucisson marbré de blanc, où je cherchais d'abord le grain de poivre, comme la fève du gâteau des Rois », racontait Marcel Pagnol. Sa tartine à moitié terminée, il saute du tabouret pour courir après l'idée qui, au même moment, lui traverse l'esprit.

La ronde des occupations ne s'arrête pas après la sieste. Dès le saut du lit, un nouveau désir s'impose à lui. Toute la vie, les êtres et les choses vont le passionner et le lâcher, mais jamais plus avec l'intensité de ces années-là. La répétition

Renoir a peint, dans le regard malicieux de cette petite fille, le jeu qu'elle prépare en secret, tandis que l'enfant de Monet se réfugie sous la table du jardin, un après-midi d'été. Plus tard, nous perdrons cette capacité à nous extraire du temps et de l'espace.

Page de gauche

Le Déjeuner *(détail)*
Claude Monet, vers 1873-74, huile sur toile, 160 × 201 cm, musée d'Orsay, Paris.

Ci-contre

Les Parapluies *(détail)*
Pierre Auguste Renoir, 1883, huile sur toile, 180,3 × 114,9 cm, The National Gallery, Londres.

C'était un petit morceau de monde.
Il y avait dans ce verger de quoi occuper
toutes les journées d'un petit garçon
sans qu'il eût besoin d'en sortir.
Je crois bien en effet n'en être jamais sorti.

C. F. Ramuz

Dans les bras de sa sœur, cette mère en miniature qui le comprend à demi-mot, le tout-petit découvre le chant du monde et ses couleurs. Les coquelicots de Klimt remplissent tout son horizon.

Ci-dessus

Enfants au soleil
Paula Modersohn-Becker, 1903, huile sur carton, 37 x 33 cm, collection particulière.

Page de droite

Champ de coquelicots
Gustav Klimt, huile sur toile, Österreichische Galerie Belvedere, Vienne.

joue un rôle démesuré dans ses occupations. Ses gestes sont d'une absolue régularité : aller et venir, glisser et grimper, agripper et lâcher. Un mouvement perpétuel de haut en bas semble le posséder. Il saute d'un pied sur l'autre. C'est un trapéziste sur la terre ferme, qui s'élance, vacille et se rattrape, pour tomber un peu plus loin. Sans une larme, il se relève et se jette à nouveau vers l'avant.

Il plonge dans l'action tête baissée, se passionnant pour un rien, mais jamais longtemps. Le froid et le chaud le fascinent. Il savoure le sucré et crache l'amertume. Il se love dans le doux et gémit en marchant sur une aiguille de pin. Sa jubilation d'exister finit par nous gagner. Sur les chemins de l'été, c'est lui qui mène la danse. Son doigt dans notre paume fermée, nous quittons un roncier noir de mûres pour un autre. Ses joues teintées se tournent vers nous. Deux yeux d'écureuil s'étonnent de nous voir entrés dans leur univers.

Il apprend à aimer la main dans la nôtre. Ainsi nous pourrions aller au bout du monde. Nous nous lançons dans des raids de cent mètres. À mi-chemin, il traîne déjà la jambe. Nous avons présumé de ses forces. Il préfère les épaules et s'agrippe dans les cheveux comme une chauve-souris. Ses ongles griffent notre cou. Il a un peu le vertige.

Là-bas, assis dans l'herbe, il fouille dans nos poches. Il attrape notre nez. Il ne s'arrête jamais vraiment. Un jour, il perdra cette curiosité de

tout le corps. Et c'est nous qui chercherons sa main, cette fois en retrait. Il s'abandonne sur notre épaule et nous murmure la vérité, alors que nous lui mentons parfois, pour simplifier les choses. Personne ne nous a jamais fait confiance comme lui. C'est l'âge où il faudrait pouvoir tout expliquer. Mais comment lui parler ?

La vie se dépose en lui

Lorsque la journée s'achève, les émotions se mélangent. Accoudé sur la table, il regarde en silence la pluie qui s'écrase sur la vitre, naviguant très loin sur un océan de souvenirs. Accroupi sur le sol, il assemble ses animaux de plastique avec des précautions infinies. Dodelinant de la tête, il murmure, dans le cou de sa poupée, des mots de réconfort que nous ne saurions lui prodiguer. Nous avons alors envie de le serrer contre nous sans rien dire, ou de marcher un moment, en guettant, derrière le prochain tournant, le loup ou le tigre qui, c'est sûr, nous attend tous les deux.

Son odyssée s'achève au bord de l'épuisement. À bout de forces, il pleure pour un rien. Les objets lui tombent des mains. Chaque minute est un nouveau désir. Ses cris nous épuisent. Nos bras sont le seul rivage à sa portée. Alors, sur les genoux, il écoute une histoire qui le rassure. Les ogres qui dévorent leurs enfants, les sorcières, les loups et les bandits aux haches noires ne le troublent pas. Après tout, rien n'est plus féroce que la nuit. Il montre du doigt l'image qui lui plaît,

La conscience est une étrange alchimie. Elle fait tenir ensemble des formes et des couleurs, qu'elle associe selon sa logique. On dirait que Klee a peint des visages dans un cerveau d'enfant et que le cheval de Franz Marc a le bleu d'un rêve de trois ans. Il faut le génie d'un peintre pour retrouver les collages hétéroclites qui font la force de cet âge.

Ci-dessus

Une classe de petites filles en plein air
Paul Klee, 1939, aquarelle et gouache sur papier, 29,5 × 20,8 cm, collection particulière.

Page de droite

Petit Cheval bleu, image d'enfant
Franz Marc, 1912, huile sur toile, 58 × 73 cm, Saarland-Museum, Saarbrücken.

Dem l. Waltherchen Macke gewidmet
1912

Le salon tiède, sa flore de branches coupées,
la maison sonore, sèche et craquante
comme un pain chaud, le jardin, le village…
Au-delà, tout est danger, tout est solitude.

COLETTE

Le paysage intérieur de Chagall ressemble à celui d'un tout-petit. Une tête dépasse à peine du carreau, moins haute encore que sa poupée. L'enfance, c'est Lilliput au pays de Gulliver.

Fenêtre sur le jardin
Marc Chagall, 1917, gouache sur papier, musée Brodski, Saint-Pétersbourg.

l'ours brun, le Petit Poucet, la souris qui s'enfuit. C'est sans doute ainsi qu'il revit sa journée. Tout ce qui lui est arrivé depuis le matin paraît avoir été imprimé sur le sable. Son flot de paroles n'en porte aucune trace. Pourtant la vie s'est mystérieusement déposée en lui.

Le bruit léger de sa robe

C'est l'heure du coucher. Avec un soupir, nous le voyons s'enfoncer sous les couvertures, en serrant son doudou contre lui. Ses paupières tremblent un peu. Nous lui glissons à l'oreille les mots sans histoire : garde ta couverture, serre ton lapin, à demain...

Nous fermons la porte sur sa solitude. Cette déchirure ne le quittera jamais tout à fait. La peur du noir coule en lui. Alors, il sort à pieds nus dans le couloir. Il nous entend parler, colle son visage à la fente imperceptible de la porte pour vérifier que c'est bien nous, et reste là, assis sur le parquet, en tenant ses paupières ouvertes à l'aide des deux index, pour lutter contre le sommeil.

Moi quand je dis que j'aimerais manger quelque chose, je le pense. Des gâteaux, des bonbons, des poignées de porte, des choses comme cela. Mais les grandes personnes ne pensent jamais ce qu'elles disent.

P. L. TRAVERS, *Mary Poppins*

« Ma seule consolation, quand je montais me coucher, était que maman viendrait m'embrasser quand je serais dans mon lit. Mais ce bonsoir durait si peu de temps, elle redescendait si vite, que le moment où je l'entendais monter, puis où elle passait dans le couloir à double porte, le bruit léger de sa robe de jardin en mousseline bleue, à laquelle pendaient de petits cordons de paille, était pour moi un moment douloureux. Il annonçait celui qui allait suivre, où elle m'aurait quitté, où elle serait redescendue », écrivait Marcel Proust.

Il se débrouille avec cette inquiétude en se fabriquant des odeurs et des gestes, dont nous ne savons rien. Il s'abandonne au sommeil comme on se glisse dans un lac avec des gestes lents, de peur de troubler l'eau qui dort.

Au milieu de la nuit, le tonnerre le réveille. Dehors il ne pleut pas, mais c'est chez lui que la foudre claque. Il agrippe le fer écaillé de son lit et hurle. Un enfant perdu, tremblant de tous ses membres, nous appelle dans la nuit. Alors nous faisons quelques pas avec lui. Nous allumons une veilleuse. C'est comme des yeux que nous laissons dans la chambre. Nous tirons les rideaux, pour en chasser les ombres. Un baiser. Encore un autre. Et nous portons son corps lourd de rêves jusqu'au lit, pour qu'il arrive tout seul jusqu'au matin.

En cassant les lignes et les proportions, Picasso a rendu à l'enfance sa fantaisie et sa liberté. L'esprit déforme ce qui lui chante. Tout est possible pour la pensée magique.

Maya à la poupée
Pablo Picasso, 1938, huile sur toile, 73,5 × 60 cm, musée Picasso, Paris.

Jouer

Chaque journée sans jouer lui paraît une journée perdue. Fille ou garçon, c'est la même passion. Le soir, ils se racontent leur vie à l'envers, en redistribuant les rôles. Ils jouent comme ils respirent, avec une faim que rien n'apaise, fabriquant un monde à la mesure de leur imaginaire. Il n'y a plus de temps et plus de frontière. Insensiblement, ils tournent la page de la petite enfance. C'est l'âge des mots de passe, des clubs, des clans et des bandes. Désormais, ils vont deux par deux.

Les après-midi d'été, nous le voyons courir à perdre haleine. Il saute d'un pied sur l'autre pour éviter des pièges. Son cœur a faim. Jamais assez de temps, jamais assez de jeu. L'eau fade du ruisseau jusqu'aux genoux, il construit un barrage inutile et s'acharne sur son œuvre comme si son avenir en dépendait.

Le soir, en revenant vers nous, ses yeux sont saoulés de fatigue et ses cuisses recouvertes d'éraflures et d'auréoles. Nos questions retombent dans le vide. Il parle déjà d'autre chose. À cet âge, l'enfant sort de son jeu comme on saute d'un train en marche. Le monde est à conquérir et bien d'autres aventures l'attendent. Son jeu reflète ce qu'il est. Il aime la vie d'un amour déroutant, inconscient, dont nous avons perdu la clef.

Un herbier de bonheurs

Elle se cache derrière le marronnier, craignant de se montrer en public comme de s'aventurer trop loin des marches où se tiennent les adultes.

Les premiers jeux – pousser, grimper, tirer – se déroulent au plus près des adultes. Chaque enfant se tient au cœur de sa bulle, dans le périmètre rassurant et paisible d'une cour fermée.

Ci-contre

Allégorie sacrée ou Sainte Conversation *(détail)*
Giovanni Bellini, huile sur bois, 73 × 119 cm, musée des Offices, Florence.

Page précédente

Les enfants boxeurs
XVIe siècle avant J.-C., peintures murales provenant d'Akrotiri dans l'île de Santorin, art des Cyclades, Musée national d'archéologie, Athènes.

Colin-maillard, saute-mouton, rondes, glissades, cerceaux, moulinets, toupies, cochon pendu, échasses, osselets, agates et calots… Les jeux ont leur grammaire et leur vocabulaire. Bruegel a peint une ville d'enfant, le carnaval des petits, sarabande de cris et de rires, où il s'agit d'abord de tordre son corps en tout sens et de renverser les rôles.

Jeux d'enfants *(détails)*
Pieter Bruegel, dit l'Ancien, 1560, huile sur toile, 118 × 161 cm, Kunsthistorisches Museum, Vienne.

Avez-vous déjà vu un enfant tout seul
avec son sabre de bois,
quand il se bat contre le vent,
saute et assène de grands coups dans le vide ?

R. L. Stevenson

Le pas nonchalant, un pouce enfantin glissé dans une bouche où manquent deux dents, elle cherche où poser ses pensées. Les frondaisons de ses veines dessinent de légers fils bleus sur ses tempes. Soudain, elle trouve une pierre plate qui fait son affaire et la transforme rapidement en pupitre. Le dos calé contre un tronc dix fois plus vieux qu'elle, ses lèvres racontent une aventure digne des « Milles et une nuits » : chaque histoire communique avec la suivante et c'est une autre histoire qui recommence.

Elle ouvre la poupée gigogne de son imagination. « J'apprends à écrire des deux mains au cas où quelqu'un me couperait la main droite ; si je suis condamnée à perdre mes deux jambes, je ramperai sur les moignons comme le mendiant sur le parvis de l'église. Voilà deux jours que je m'entraîne à l'insu de tous » racontait Nina Berberova. Des silhouettes invisibles surgissent devant ses yeux et peuplent ses rêveries en plein jour. Lorsque ses bras s'agitent dans l'air, on dirait Merlin faisant danser les arbres et les seaux remplis d'eau.

« De quoi sont faits les petits garçons ? De grenouilles, d'escargots et de queues de chiots », chantait une berceuse anglaise, à laquelle chaque personnage du tableau de Goya semble donner raison. Sa peinture a su rendre cette énergie des enfants quand ils se retrouvent ensemble, frétillants de vitalité, chiens fous, triomphants et rieurs, avec des cris terribles, qu'eux seuls savent traduire.

Las Gigantillas
Francisco de Goya, 1791-1792, huile sur toile, 137 × 104 cm, Museo del Prado, Madrid.

Allongés au soleil sous les frondaisons de l'été, nous quittons insensiblement la conversation du jour. Les yeux fermés, nous l'écoutons là-bas, qui passe d'une émotion à l'autre. C'est un concert à voix d'enfant. Elle incarne dix personnages à la fois, recrée le monde et son labyrinthe, s'invente des drames et prend des résolutions secrètes. Aucun adulte ne doit entrer dans son cercle invisible. Si une voix trop grave retentit, le rêve s'écroule et Arlequin retombe dans la poussière. Sur les hauts plateaux de l'enfance, l'imagination désormais déploie ses ailes. Avec le temps, elle gardera peut-être cette aptitude à concevoir le monde non pas tel qu'il est, mais tel qu'il devrait être. Le regard pur des enfants tient à ce voile transparent qu'ils déposent sur les choses.

Vivre jusqu'à plus soif

Il bourre ses poches de sucreries et de salamandres. Il escalade la plus haute branche du jardin. Carrossé comme un gladiateur sur ses rollers, il parcourt la rue en tous sens. C'est un cracheur de feu, qui brûle l'air avec des rires et des glapissements de fauve.

Chaque jour après l'école, son horizon est un ballon qui va et vient entre deux cartables jetés

Seules les mains vont et viennent sur le feutre. Le corps reste immobile. C'est la pensée des enfants qui, en silence, vole d'une règle à la suivante, découpe le jeu des possibles, tutoie le hasard. Les cartes et les pièces que le joueur déplace permettent d'appréhender les forces de l'esprit et de se mesurer l'un à l'autre.

Ci-contre

La Fillette au volant *(détail)*
Jean-Baptiste Chardin, 81 × 65 cm, musée des Offices, Florence.

Page de droite

Le Château de cartes
Jean-Baptiste Chardin, 82 × 66 cm, musée des Offices, Florence.

Les jeux des enfants ne sont pas des jeux,
et les faut juger en eux
comme leurs plus sérieuses actions.

MONTAIGNE

dans la poussière. Il sort de ces mêlées en titubant, heureux de ces courses effrénées et comme lavé de sa passion. Bien plus tard, lorsqu'il sera adulte, un rectangle d'herbe verte et les trajectoires aléatoires d'un ballon lui sembleront la métaphore de la vie et l'unique distraction qui le ramène à l'enfance.

Un autre jour, c'est la bagarre au laser qui l'occupe des heures entières. Devant une console d'ordinateur, il défie des monstres et des extra-terrestres qu'il désintègre sans aucune émotion. Tout le passionne, à condition que ce soit rapide, violent, et mû par des sentiments extrêmes. Le seul enjeu qui lui semble digne d'intérêt reste la guerre. « Je me sentais des forces infinies : il fallait seulement leur trouver des points d'application », racontait Albert Camus. Quand il explore, pour la dixième fois consécutive, les abysses d'un écran aux couleurs crépusculaires, nous avons l'impression de revoir, trop vite grandi, le bébé qui disait « encore » en tournoyant dans nos bras. Mais désormais c'est lui qui donne l'impulsion.

Le temps des secrets

Elle se sent à l'étroit dans son existence d'enfant, comme si ses poumons étaient trop petits pour contenir sa soif de tout découvrir. Elle aime griffer, tirer les cheveux, frapper, embrasser à pleine bouche comme elle mord dans la pomme et le pain du goûter. Son impatience n'a pas de limites.

Les animaux la fascinent. Sa chambre, si nous l'écoutions, serait une ménagerie de canaris, de souris et de chatons blancs. Qu'importe la taille ou la race, elle veut simplement que ce soit doux à caresser. Une circulation d'émotions secrètes passe entre elle et cette boule de poils qui court dans la main. Ils ont en commun cette absence de distance avec les choses.

Dans son sac à dos, elle transporte un nombre incalculable de trésors. C'est une glaneuse d'objets rares et de tissus magiques que nous semons derrière nous sans le savoir. Un mois après, nous trouvons dans sa chambre, cachée sous le lit, une boîte à chaussures remplie de catalogues de jouets et de morceaux de cartons découpés dans des boîtes. Il y a cinquante ans, Colette dressa l'inventaire de la poche de sa fille Bel-Gazou : « Trois coquillages en forme de pétales, deux patelles pareilles à des chapeaux tonkinois, une sorte de pomme de terre difforme et cartilagineuse, un couteau cassé, un bout de crayon, une bague de perle bleue et un

Fragonard a peint « le vert paradis » dans un volant d'étoffes, de boucles de cheveux, un scintillement que l'on devine sous les paupières closes de ces amants d'enfance. Au parfum de la peau nue, sentir juste son cœur bondir et se fendre parfois…

Ces attachements précoces restent longtemps dans la mémoire.

Le Baiser
Jean Honoré Fragonard, collection particulière.

Elle m'aimait à la passion et m'embrassait souvent, je lui rendais ses baisers avec un tel feu qu'elle était comme obligée de s'en aller. En l'aimant à six ans, j'avais absolument le même caractère qu'à quarante ans en aimant à la fureur Alberthe de Rubempré. Ma manière d'aller à la chasse au bonheur n'avait nullement changé.

STENDHAL

Aux premiers jours du printemps,
je courais dehors, comme un fou,
une poignée de jasmin nouée dans
un coin de mon écharpe de mousseline.

TAGORE

Avec l'âge, le jardin n'est plus un horizon infini dont il ne percevait pas les contours, mais un morceau de terre qu'il connaît par cœur. Chaque bosquet garde la mémoire de ses jeux. Entre balle et ballon, jouant avec son ombre, l'enfant de Valloton court après le plaisir qui meurt et renaît aussitôt, du matin jusqu'à la nuit tombée.

Le Ballon *ou* **Coin du parc avec enfant jouant au ballon**
Félix Valloton, huile sur carton sur bois, musée d'Orsay, Paris.

Diego Rivera
México 1927

cahier de décalcomanie détrempé dans l'eau de mer, un petit mouchoir rose très sale… » Les années passent mais la récolte est toujours aussi hétéroclite.

J'entendais ma petite voix de coq, haut perchée, depuis longtemps disparue, je voyais mon nez trop petit dans un visage encore inachevé…

WITOLD GOMBROWICZ

Une collection d'émotions

Ils se disputent sous nos yeux. Chaque arbitrage en appelle un second, puis un autre. Une journée peut passer ainsi à d'interminables palabres. Qu'importe l'enchaînement des causes, seul compte cet entêtant plaisir à se quereller entre soi. Heureusement, parfois les chiots se souviennent qu'ils sont issus de la même portée. Ils font bloc contre l'ennemi ou contre l'ennui. Pour quelques heures, ils déposent les armes. Cette complicité-là, comme une eau dormante, ne les quittera plus.

L'amitié est la plus belle des découvertes. Les autres agrandissent son cœur. C'est l'époque des clubs, des clans, des sociétés secrètes et des mots de passe. Antoine de Saint-Exupéry écrivait à sa mère : « Je ne peux pas penser à mon coin de terre sans une grande faim d'être là-bas et sans serrer les poings parmi la foule en pensant aux tilleuls de Saint-Maurice, à l'odeur des armoires, à votre voix, aux lampes à huile d'Agay. Et à tout ce que je découvre qui fait de plus en plus le fond de moi-même… Je raconte à tous mes amis nos jeux d'enfance, le chevalier Aklin les jours de pluie, ou la sorcière, ce conte de fées perdu. »

Les deux amies, joue contre joue, se disent leurs secrets. L'affection est féroce, exclusive. « Et si on était ? » suffit à faire partir la sarabande. Elles vont et viennent avec des sacs de voyage, changeant de tenues comme de destinations. C'est un tourbillon, une frénésie, un bonheur de chrysalide. Nous ne la reconnaissons plus. Elle étouffe de rire pour un seul regard. Elle partage ailleurs des confidences qui ne sont plus pour nous.

Pendant des heures, retranchée du monde, une compagnie de petites filles remplit des cartables de papiers secrets, plie des bonheurs en deux, échafaude des aventures qu'elles ne vivront jamais, installe un marché aux fruits et aux fleurs, une école buissonnière. Elles arrivent à réinventer, dans un appartement d'automne, « le vert paradis » de Charles Baudelaire : « Les courses, les chansons, les baisers, les bouquets, les violons vibrant derrière les collines. »

Le déguisement est la grande affaire. Grimées, masquées, elles apprivoisent tous les possibles de leur cœur. Le premier maquillage est pour rire. La silhouette imite les attitudes des femmes.

Le miroir d'un cœur d'enfant ne trompe pas. Le petit garçon de Diego Rivera semble contenir des questions trop grandes pour lui.

Ignacio Sanchez
Diego Rivera, 1927, Christie's, New York.

« Et si on était ? » suffit à faire partir la sarabande de l'imaginaire. Les deux petites filles d'Egon Schiele se racontent une histoire secrète. Rien n'est à sa place. Les oiseaux de Paul Klee ont la tête en bas, et le monde est un aquarium. Mais c'est ainsi qu'elles le voient. Elles peuvent rester des heures, presque immobiles, assises à l'écart, à naviguer très loin vers le pays de leurs rêves.

Ci-dessous

Deux Petites Filles
Egon Schiele, 1911, gouache, aquarelle et plomb, 40 × 30,6 cm, Albertina, Vienne.

Ci-contre

Paysage avec des oiseaux jaunes
Paul Klee, 1923, 35,5 × 44 cm, collection privée.

Chaussures à talons, chapeaux multicolores, jupes en serviette-éponge…

Chaque déguisement permet d'explorer ces territoires intérieurs, encore vierges, qui s'éclaireront plus tard avec la transformation de leurs corps.

Ces grappes enfantines laissent derrière elles des vestiges de jeux. Nous ramassons des poupées déshabillées, nous éteignons l'ordinateur, nous ouvrons les placards pour récupérer les boîtes vides, nous rangeons les vélos abandonnés contre le mur. Nous soufflons un à un les lampions de la fête. Elle est déjà loin, notre hirondelle, la tête enfouie dans l'oreiller. La roue des années semble s'accélérer. Nous voudrions retenir le temps qui n'est plus que du sable entre nos doigts. Déjà ses câlins s'espacent insensiblement.

Premier chagrin

L'ami magnifique emplit l'horizon, sans le moindre recul. « Il lui semblait que le temps du sommeil était enlevé à la vie et aux jeux. Il courait à perdre haleine rejoindre Pierre et les autres, assis à l'entrée du couloir de la seule maison à deux étages de la rue. (…) C'était la course vers l'ouest de la plage, sous le dur soleil, jusqu'à une maçonnerie à demi-détruite. En quelques secondes, ils étaient nus, l'instant d'après dans l'eau, nageant vigoureusement et maladroitement, bavant et recrachant. La mer était douce, tiède, le soleil léger maintenant sur les têtes mouillées, et la gloire de la lumière emplissait ces jeunes corps d'une joie qui les faisait crier sans arrêt. Ils régnaient sur la vie et sur la mer, et ce que le monde donnait de plus fastueux, ils le recevaient et en usaient sans mesure, comme des seigneurs assurés de leur richesses irremplaçables », racontait Albert Camus.

C'est une amitié de lits superposés. Le soir, ils se raccompagnent chez l'un, puis chez l'autre et reviennent. Comment se quitter une seule soirée ? Ils s'échangent inlassablement des images. Ils feraient cinquante kilomètres pour une vignette qui manque. Les albums complets s'entassent ensuite sur leurs étagères. Les petits garçons collectionnent peut-être ainsi les émotions de la

Ce qui distinguait Peter Pan des autres enfants, c'est que les autres savaient qu'on faisait semblant, alors que pour lui le jeu et la réalité étaient tout un. Cela présentait parfois quelques inconvénients, surtout lorsqu'on faisait semblant d'avoir déjà dîné.

James M. Barrie

Les contes sont remplis de lutins comme ces huit figurines aux yeux tendres, moitié garçons moitié djinns, attablées sous les lumignons de l'hiver, sans jamais interrompre leurs jeux. « Je sais qui j'étais quand je me suis levé ce matin, mais j'ai dû, je crois, me transformer plusieurs fois depuis lors », racontait Alice au pays des merveilles.

Les Enfants aux lampions
Tadé Makowski, 1929, huile sur toile, 97 x 116 cm, Musée national d'art moderne, Paris.

Il m'est égal de regarder des jouets, d'en faire ce que je veux ; de les casser et de marcher dessus si ça m'amuse… C'est parce qu'ils font du bruit et qu'ils agacent mes oreilles qu'ils me plaisent.

Jules Vallès

vie, qu'ils collent dans leur tête pour en faire le tour et passer à autre chose.

Mais la trahison le surprend parfois. C'est comme une branche d'arbre qui fouette son visage. Nous le voyons revenir les yeux rougis, le cœur tuméfié. Peu d'émotions aussi cruelles le blesseront au cours de sa vie. Il ne peut plus s'étourdir dans l'instant comme un tout-petit. L'enfant qui courait les matins d'été sur la plage avec son épuisette a disparu. Il a rangé son épée en plastique. Boudeur et triste, il reste seul, un livre à la main, sur son lit défait, le visage concentré sur les pages qu'il déchiffre tout juste.

Ce premier chagrin nous atteint plus que nous ne l'aurions imaginé. Alors nous l'accompagnons un bout du chemin. Nous prenons quelques jours la place de l'ami perdu, le temps d'apaiser un peu sa blessure. Il suffit de délivrer l'enfant en nous. Nous retrouvons, le corps un peu étourdi comme après un court sommeil, la joie de ramper à nouveau sur le sol, le goût de bâtir une forteresse de cordes et de branches, les orgies de sucreries, les boîtes à têtards et les jeux intergalactiques. Nos deux silhouettes disproportionnées arpentent les rues du quartier, la tête dans un walkman. Alors que trente ans ont passé et que nos jeux ne se ressemblent plus, ces plongées en apnée d'enfance font remonter à la surface l'odeur et la couleur du monde où nous avons vécu et que le temps avait pâlie.

La toile de Picasso est parsemée d'étoiles filantes et de branches dont les bourgeons éclosent en autant de soleils noirs. L'enfant ne s'en occupe pas, fasciné par son camion qui le coupe du reste du monde. Deviner, manipuler, ouvrir et percer le secret des objets occupe son esprit pendant des heures.

Page de droite

Enfant jouant avec un camion
Pablo Picasso, 1953, huile sur toile, 130 × 96,5 cm, musée Picasso, Paris.

Ci-contre

Jeux d'enfants, automne et hiver *(détail)*
Ichimôsai (Utagawa) Formatôban, ère Kaei, 1848-1854, Kumon Institute, Osaka.

Apprendre

A l'âge de raison, l'enfant quitte peu à peu cet état incertain, imprégné de magie, où le monde s'ordonnait autour de ses rêves. L'esprit classe maintenant comme il lui plaît les chiffres, les mots et les images. L'école est un nouveau pays dont il apprend les lois. Son univers s'élargit. Il perçoit l'immensité des choses. Il se heurte à des questions auxquelles les adultes ne savent pas répondre. Dans la suite des jours, il apprend à vivre, à aimer, et peut–être aussi à s'inventer lui-même.

agnificat aia
Quia

Il atteint la lisière de l'enfance. Depuis la crèche ou le square, cela fait bien longtemps qu'il a appris à frayer son chemin parmi les autres. La déchirure du premier jour d'école n'a pas été oubliée. Mais il sait qu'il doit se plier à la loi commune. Son nom est une étiquette parmi d'autres, au-dessus d'un porte-manteau nain. La maternelle est son premier esquif loin de nous, où il retrouve les mêmes jeux et parfois les mêmes livres que dans sa chambre. Il s'y endort avec sa peluche serrée contre la joue. La dernière année avant « la grande école », nous profitons encore ensemble de ce jardin merveilleux, cette maison d'insouciance dessinée au feutre et remplie de pâte à modeler. Chaque matin, nous le conduisons dans sa classe pour lui lire une histoire. Un kaléidoscope de visages ronds nous accueille. Terreur en herbe ou Pierrot des contes, chaque enfance déjà, porte une empreinte qui ne s'effacera pas.

Le roman de lui-même

Quelque chose se termine avec l'adieu à la maternelle. Nous ne reverrons plus les fleurs maladroites, les masques de citrouille et les chaises minuscules qui accompagnaient nos matins d'hiver. Sa mine chiffonnée du matin, ses courses dans nos bras le soir, les mots qui se bousculaient dans sa bouche, ses chagrins infinis, la maîtresse comme une maman pour grandir, toute une époque se referme sur lui et sur nous.

Ci-contre

L'Initiation au culte *(détail)*
Fresque de la villa des mystères, fin IIe-Ier siècle avant J.-C., Pompéi.

Page précédente

Madonne du Magnificat *(détail)*
Sandro Botticelli, vers 1483, musée des Offices, Florence.

Nous lisions tour à tour sans relâche et passions les nuits à cette occupation. Quelquefois mon père, entendant le matin les hirondelles, disait tout honteux : « Allons nous coucher ; je suis plus enfant que toi. »

JEAN-JACQUES ROUSSEAU

Depuis Pompéi, l'application avec laquelle l'écolier déchiffre les signes qui lui ouvriront le monde n'a pas changé. Il y a toujours quelque chose d'impressionnant dans ce passage, dernier seuil de l'enfance et premier rite de l'âge adulte.

Ci-dessus

Matériel d'un écolier *(détail)*
Fresque provenant d'Herculanum, art romain, Musée archéologique, Naples.

Il sait maintenant trier les émotions et les pensées qu'il attrape au vol, pour les organiser entre elles et les ranger une à une. Il nous assaille de questions savantes, auxquelles parfois nous ne savons plus répondre. Un silence agacé accueille nos hésitations. Le monde extérieur, qui lui apparaissait quelques années plus tôt incompréhensible et déroutant, trouve sa cohérence.

Dans la petite enfance, chaque jour était une nouvelle page arrachée et froissée. L'idée du temps qui passe lui est désormais plus familière. Il commence par compter les nuits, puis il déroule les semaines, du dimanche au samedi, en classant les jours de manière méthodique. Son univers s'agrandit en trois dimensions. Désormais, les fragments de son histoire s'assemblent progressivement. Il aime feuilleter les albums de photos et observer ses anciennes métamorphoses, comme pour se raconter le roman de lui-même.

La conscience de soi est une étrange alchimie. Des phrases banales, prononcées au hasard d'une balade à bicyclette, vont le marquer pour la vie entière, alors que des lettres ou des confidences, qui nous paraissaient essentielles, resteront dans la corbeille de l'oubli. Il est attentif au moindre

« Un jour, j'ai compris que la lecture était le moyen d'atteindre tout ce qui me rendrait heureux », racontait Rudyard Kipling. L'enfance est friande de ces histoires où l'on tremble, où l'on pleure, où l'on arrive aux portes de la nuit entre les pages d'un livre.

Le Jeune Cicéron lisant
Vincenzo Foppa, fresque, The Wallace Collection, Londres.

Il arrive inévitablement dans la vie de chacun un moment où, dans l'image de ce qu'il est, il rencontre de nouveau son propre père.

STEFAN ZWEIG

de nos jugements. L'alambic de son cerveau retraite à chaque instant la réalité sensible pour la transformer en pensées intérieures. Il s'invente une identité rien qu'à lui.

Entre les lignes d'un cahier

Rien n'est plus déroutant que de voir son enfant grandir : il est toujours en avance d'une transformation. Il bute dans ses chaussures deux fois par an. Depuis le nouveau-né qui engouffrait ses biberons sans reprendre son souffle, il a revêtu une dizaine de peaux différentes, comme un serpent qui mue chaque saison. Nous le voyons toujours plus petit qu'il n'est. Notre regard le retient légèrement en arrière.

La grande école est là, avec son autre loi, les rangées de tables et de chaises, le tableau et la craie. Il souffre parfois de la cour de récréation et de ses courants désordonnés. Mais nous ne pouvons rien pour lui. Il doit se battre avec ses armes ou plier sous l'orage. En classe, cependant, un regard neuf se pose sur lui, détaché du passé et de nos rêves ou de ces peurs que nous déposons en lui, sans nous en rendre compte.

Entre l'enfance et la vieillesse, c'est une tendresse infinie. À l'âge où tout est encore possible, le petit garçon de Ghirlandaio guette sur les lèvres de son grand-père les confidences qui l'aideront à grandir. Sa main est une caresse et une question. Mais le vieil homme se tait, montre simplement son visage et lui sourit. La vie se raconte, mais ne s'enseigne pas.

Ci-contre

Portrait d'un vieillard et d'un jeune garçon
Domenico Ghirlandaio, huile sur bois, 63 × 46 cm, musée du Louvre, Paris.

Page de droite

L'Ange et saint Pierre *(détail)*
Filippo Lippi, 1481-1483, fresque, chapelle Brancacci, Santa Maria del Carmine, Florence.

L'enfant est concentré sur sa page. Il s'abandonne à la maîtresse d'école pleine de délicatesse. Elle trace sur le papier les lignes qui décideront de sa vie. La confiance est la clef de cet échange. L'esprit avance par à-coups et par catalyse. Il suffit parfois d'un mot ou d'un geste pour qu'un enfant franchisse l'obstacle.

La Maîtresse d'école
Jean-Baptiste Chardin, huile sur toile, 61,6 x 66,7 cm, The National Gallery, Londres.

Pendant ces soirées, alors que la neige tombait et que les vitres gelaient, mon cœur était plein d'attente, comme l'air de ce temps-là. La gravité et la grandeur de ce sentiment me faisaient frissonner. Je me souviens encore de ces frissons qui parcouraient tout mon être et me donnaient l'impression de grandir.

NINA BERBEROVA

Une gravité affleure, à certaines heures, chez eux. Bien des questions les envahissent avant de repartir comme le ressac de la mer. Les visages de La Tour nous parlent de ce clair-obscur qui accompagne la transformation intérieure des enfants.

Ci-contre

L'Apparition de l'ange à saint Joseph
(détail de l'ange)
Georges de La Tour, huile sur toile, 93 x 81 cm, musée des Beaux-Arts, Nantes.

Page de droite

Le Jeune Chanteur
Attribué à Georges de La Tour, vers 1650, 66 x 50 cm, The Leicester City Museums, Leicester.

Il n'y a peut-être pas de jours de notre enfance
que nous ayons si pleinement vécus que ceux
que nous avons cru laisser sans les vivre,
ceux que nous avons passés avec un livre préféré.

MARCEL PROUST

Des pays enchanteurs surgissent de son livre. Elle entend les bruits humides de la forêt et la flûte d'une charmeuse de serpents. Toute l'attention de cette petite fille est concentrée entre ses mains. Comme elle, le Douanier Rousseau imaginait une jungle onirique, en découpant des journaux et en visitant le Jardin des Plantes.

Ci-contre

Jeune Fille lisant
Gustav Adolph Hennig, huile sur toile, 42, 5 × 36, 5 cm, vers 1828, musée des Beaux-Arts, Leipzig.

Page de gauche

La Charmeuse de serpents *(détail)*
Le Douanier Rousseau, 1907, huile sur toile, 169 × 189,5 cm, musée d'Orsay, Paris.

Les bras de la maîtresse sont un sas entre deux âges. Entre sa parole et la nôtre, il n'hésite pas une seconde. « La maîtresse l'a dit » suffit à clore toute discussion. Devant elle, il apprend ce qu'il nous refuse parfois. Il peut s'épanouir à son rythme.

« Le seuil franchi, dans la petite antichambre où à chaque crochet étaient suspendues des épaisseurs de manteaux de couleurs diverses, il avait déjà oublié la peur comme on oublie un fardeau qui pèse sur le corps ; grâce, certainement, à l'une des institutrices dont il sentit tout de suite qu'elle l'avait vu une fois pour toutes. Cette vieille femme possédait l'art du regard qui scrute et subjugue par tout ce qu'il contient d'accueil et d'hospitalité : et jamais il ne se sentit observé, ni encore moins percé à jour », se souvenait Peter Handke.

Grâce à l'école, il est aspiré vers demain. La maîtresse est la catalyse de cette réaction chimique qui transforme un enfant en écolier et un esprit de hasard en un raisonnement construit. Sur ses cahiers d'écriture, il dessine son nom avec des arabesques. Sa signature fleurit partout, comme pour s'apprivoiser lui-même. Il est fier d'être lui et de projeter son image sur la page blanche.

Prendre son envol

Elle fait tourner la mappemonde et clique sur le clavier des ordinateurs. Elle rêve devant les animaux du monde, qui sont à la démesure de son imaginaire, regarde la nuit le scintillement du cosmos. Elle punaise de nouveaux décors sur le mur de sa chambre. Chaque soir, nous ouvrons ses cahiers. Elle forme de vraies boucles d'écriture entre les lignes bleues. Avec nous, elle fait et défait des additions tremblées sur un papier à carreaux. Quand elle déchiffre son livre de lecture, en butant encore sur certains mots, c'est comme si elle ouvrait la porte du monde. Nous apprenons une autre langue ensemble, avec moins de jeux et plus d'application, moins de pitreries et plus de réponses. Son regard sur nous change un peu. Nous sommes à peine un tuteur, une aide passagère. Elle est prête à prendre son envol.

Elle avait pris ce pli dans son âge enfantin
De venir dans ma chambre un peu chaque matin
Je l'attendais ainsi qu'un rayon qu'on espère.
Elle prenait ma plume, ouvrait mes livres, s'asseyait
Sur mon lit, dérangeait mes papiers et riait,
Puis soudain s'en allait comme un oiseau qui passe.

Victor Hugo

Elle jette sur le papier ses premiers bonheurs : une maison, un soleil, des fleurs, des silhouettes rondes et fines à la fois, des mains à trois doigts… L'horizon est trop grand pour elle : sur la page, elle dépose d'abord ce qu'elle connaît déjà.

Enfant dans l'atelier
Niklaus Stöcklin, collection particulière.

Il coordonne désormais ses mouvements avec une facilité déconcertante : nager comme un petit chien avec des gestes saccadés, descendre la pente à vélo en lâchant les mains vers le ciel ou jaillir d'un tremplin de rollers. Son corps est une terre meuble dans laquelle tout s'imprime.

À l'image des grands apprentissages de la deuxième année, une nouvelle salve de « première fois » jalonne l'hiver de la grande école : la lecture, les petits mots tendres à sa mère qu'elle déchiffre en phonétique, la piscine, la baguette de pain achetée tout seul au bout de la rue… Il a lâché notre main pour toujours.

Entre deux rives

Les questions naïves de ses quatre ans ont laissé la place à des convictions métaphysiques. À table, un petit garçon nous assène qu'il croit en Dieu. Un autre soutient l'inverse, tout en reprenant de la glace au chocolat. Nous avons l'impression de côtoyer un souffleur de verre. Une pâte informe s'apprête à vivre sous ses doigts. Il prend sa respiration. Nous nous taisons pour ne pas le troubler.

Il trace d'imperceptibles frontières qui délimitent son monde intérieur. Sa chambre, habituellement sens dessus dessous, connaît régulièrement de grands chambardements. Il jette ses oripeaux d'enfance, pour ne garder que ce qui lui plaît ou le rattache à la tribu de ses amis d'école.

La langueur des dimanches commence à l'atteindre. Il sait que le monde est bien plus vaste que notre appartement. Il traîne sur un fauteuil, avale quelques feuilletons, écoute un disque qu'on lui a prêté en mimant les gestes du batteur, mais il se lasse assez vite. Ces nouvelles occupations sont comme du sucre, savoureuses et écœurantes à la fois, car, sans qu'il se l'avoue tout à fait, sa journée est encore tissée de jeux de maternelle, de ballon et de petits soldats. Il vit entre deux rives et entre deux mers.

Il ressent de plus en plus le besoin d'échapper à notre présence pour s'épanouir. C'est dans le silence qu'il entend sa voix intérieure, à l'âge des cabanes et des chambres barricadées. Sa porte se couvre brusquement de panneaux « interdit », « ne pas entrer », « frapper s'il vous plaît ». Romain Gary racontait : « Ma cachette favorite se trouvait au centre d'un entassement de bûches. Les parents interdisaient à leurs enfants de s'approcher de cet édifice fragile et menaçant : un fagot déplacé, une poussée malencontreuse, risquaient de tout faire crouler et de vous enterrer. J'avais acquis une grande agilité à me faufiler à travers les étroits corridors de cet univers où je régnais en maître absolu, où le moindre faux pas risquait de provoquer une avalanche, mais où je me sentais chez moi. »

Ce tableau de Klee, tête ronde découpée en quartiers, avec des yeux immenses, nous parle de l'enfant à l'âge de raison, sa timidité, l'avidité de son regard et son esprit de méthode.

Qui suis-je ? est la grande question de la fin de l'enfance.

Senecio
Paul Klee, 1922, huile sur gaze, Kunstmuseum, Bâle.

Le feu aux joues

Elle regarde les affiches dans la rue. Elle peut tout déchiffrer. Son regard furète à la recherche de ce qu'elle ne connaît pas. Elle manipule ses passions futures comme si elle jouait avec des modèles réduits. La connaissance mobilise l'énergie qui jusque-là se consumait dans le jeu. Un murmure continu résonne en elle. Sa vie se déploie sur le mur de sa chambre, parmi ces formes étranges que l'humidité et le temps dessinent sur le plâtre.

Friande d'histoires vraies et compliquées, elle n'a plus besoin d'animaux familiers, de princesses et d'ogres pour cristalliser ses émotions. Pendant des heures, elle se retranche entre les pages d'un livre. C'est comme si elle dérivait sur un radeau. La magie l'emporte très loin, vers ces rivages où les volcans crachent des flammes, où l'on ramasse des poussières de perle, où des fleurs odorantes tombent en cascade des sommets enneigés. Elle aime avoir peur, mais d'une frayeur pour rire. Son cœur bat pour une enfant intrépide. Quand elle ferme son livre, elle a le feu aux joues.

Des émotions se fixent en elle pour toujours, des rêves qu'elle adopte, des figures qui l'éblouissent et laissent leurs silhouettes sur la plaque vierge du souvenir. Une certaine idée d'elle-même se joue là. Ceux qui ont cru à sept ans à l'enchantement du monde gardent longtemps

Quand j'eus atteint l'âge de sept ans,
un soir après le dîner, mon père m'appela.
Il me dit : « Cette nuit va être celle
de la mort de ta petite enfance. »

Amadou Hampaté Bâ

une irisation particulière, un scintillement du regard venu de l'enfance.

Nous lui glissons des confidences et de faux secrets qu'elle protège avec ses cheveux en riant pendant que nous lui parlons à l'oreille. Elle pose sa tête contre notre épaule et cherche l'odeur de la laine qui se dégage du tissu après la pluie. Elle se sait aimée. Sa peau chaude et dorée, sans bijoux, son regard, ses deux bras légers autour de notre cou sont comme un au revoir à l'enfance.

Stendhal racontait : « J'étais amoureux de ma mère. Elle m'aimait à la passion et m'embrassait souvent, je lui rendais ses baisers avec un tel feu qu'elle était comme obligée de s'en aller. En l'aimant à six ans, j'avais absolument le même caractère qu'à quarante ans en aimant à la fureur Alberthe de Rubempré. Ma manière d'aller à la chasse au bonheur n'avait nullement changé. »

Sur les chemins de lui-même

L'amour fusionnel et exclusif des premières années s'estompe peu à peu. Il nous tient tête et nous juge parfois. C'est à son tour de décréter le bien et le mal. Il dépose chacun de nos actes sur sa balance intérieure, qui penche bien trop de son côté. Qu'importe ! L'injustice agit sur lui comme une morsure. Il n'a pas appris l'indulgence. Ces premières joutes nous laissent un goût étrange. Nathalie Sarraute confiait : « À cet âge, je n'avais pas neuf ans et je suis sûre que tout ce qui s'est révélé à moi au cours des années qui ont suivi, je l'ai perçu d'un coup, en bloc... tous mes rapports avec mon père, avec ma mère, leurs rapports entre eux, n'ont été que le déroulement de ce qui s'était enroulé là. »

Désormais le voilà sur les chemins de lui-même. Il s'éloigne chaque jour davantage de la pure enfance. Un jour, une heure, tout va basculer. Une eau sourd en lui : personne ne sait où elle va jaillir mais chacun se prépare. Les premières aventures loin de la maison, les confidences crues que s'échangent les petits garçons, les pas de danse pour une autre que sa mère, projettent notre enfant, d'émotions solitaires en résolutions secrètes, dans le face à face avec lui-même.

Witold Gombrowicz expliquait : « Le moment était venu de l'inévitable meurtre, l'homme fait devait tuer le garçon inconsolable, puis s'envoler comme un papillon en abandonnant la chrysalide. Quittant les brumes, le chaos, les troubles effusions, les tourbillons, les tumultes et les courants, je devais me peigner, m'arranger, entrer dans la vie sociale des adultes et discuter avec eux. »

Nous étions seulement les passagers de son enfance. Si nous l'avions oublié, il se charge de nous le rappeler. Désormais, nous devons quitter le jardin où nous vivions avec lui.

L'école apprend à vivre avec les autres. L'esprit de l'enfant s'adapte à sa discipline. Il voit peut-être la classe comme cette toile de Schlemmer, avec un reste de magie, des perspectives bien droites, et tout au fond de la pièce, un morceau de ciel et de mer vers lequel le regard s'échappe.

École de jeunes filles
Oskar Schlemmer, 1930, huile sur toile, 119,2 × 89,3 cm, Staatliche Kunstsammlungen Neue Meister, Dresde.

Se souvenir

Il a désormais l'âge de nos premiers souvenirs. Sa mémoire colle en désordre une myriade d'images fixes et de silhouettes qui ne grandiront pas ensemble. Des paysages s'impriment en lui à l'encre indélébile.
Ainsi l'esprit d'enfance continuera à habiter en lui, bien après le jour où il fermera son coffre à jouets et sa malle aux souvenirs.
Le meilleur de lui-même, le plus authentique peut-être, se concentre dans ses rêves de sept ans. Il lui suffira de fermer les yeux pour les retrouver. Demain, ils seront pour lui une source, un élan, un secret.

Lorsque maman souriait, aussi beau que fût son visage, il devenait incomparablement plus beau. Si, dans les moments difficiles de mon existence, j'avais pu, fût-ce une seconde, apercevoir ce sourire, j'aurais ignoré ce qu'était le chagrin.

LÉON TOLSTOÏ

Si la petite enfance était pour nous un monde à part, fascinant d'étrangeté, les années qui précèdent l'adolescence sont un jeu de miroir entre notre enfance et la sienne. Nous sommes maintenant de plain-pied avec lui. Cette période est si vivante dans notre mémoire que nous avons l'impression de pouvoir le comprendre. Lorsqu'il tourne la tête dans notre direction, à l'affût de notre réaction, il nous voit sans doute aussi forts et aussi mûrs que l'étaient les adultes dans le clair-obscur de nos sept ans...

Son cartable un peu trop lourd, ses journées en orbite autour d'un ballon de football, sa collection de scarabées sur les chemins du Midi, ses livres de lecture, les cabanes qu'elle fabrique dans sa chambre avec de vieux draps nous renvoient à d'autres jeux et à une autre enfance. Des émotions de trois fois rien ressurgissent du passé, presque intactes. Nous avons l'impression de voir en elle notre silhouette un peu timide, avec d'autres habits, mais toujours le même regard.

Cependant, le mirage d'un recommencement se dissipe peu à peu. Notre passé et son présent ne

Du visage de sa mère, il reste un mouvement de la nuque, un parfum qui se dégage de son voile, la légèreté du vent et la douceur d'un été au bord de la mer. Ainsi, le temps dépose en nous des impressions fugitives qui cristallisent le bonheur tout entier.

Ci-contre

Portrait du frère de l'artiste
Léon Bonnat, musée Bonnat, Bayonne.

Page de gauche

Sur la plage *(détail)*
Édouard Manet, 1873, musée d'Orsay, Paris.

Page précédente

Un coin d'appartement
Claude Monet, huile sur toile, musée d'Orsay, Paris.

Quand on marche le soir à la lisière du temps
il monte soudain une bouffée d'enfance.

CLAUDE ROY

coïncident jamais : d'imperceptibles décalages nous empêchent de les superposer. C'est comme un film en noir et blanc colorié, remonté, doublé, qui ne ressemblerait plus à rien. Ce que nous avions naïvement pris comme la répétition de notre histoire n'était en fait que la ritournelle des jeux d'enfant.

Quelques cailloux épars

Il aura donc ses propres souvenirs, bien à lui, qu'il se fabrique sous nos yeux. Cela fait maintenant sept ans que nous vivons ensemble. Chacun de ses visages successifs s'est incrusté en nous pour toujours : le nouveau-né au regard de luciole, le petit Culbuto de huit mois qui tombait en riant, ses premières phrases presque incompréhensibles comme s'il avait eu la bouche remplie de cailloux, ses pleurs le matin sur le chemin du premier jour d'école, ses câlins du soir et son sommeil plein de mystères. Mais lui ?

Nous savons que la première mémoire se cristallise sur quelques éléments épars, des parfums, des morsures, des bonheurs d'hirondelles, rien de vraiment précis. Ses souvenirs les plus anciens ressembleront à des flaques de lumière se détachant sur un immense contre-champ flou. Comme dans les lanternes magiques d'autrefois, la mémoire qu'il gardera de ses quatre ans sera constituée d'une myriade d'images fixes et désarticulées, qui ne s'accorderont pas entre elles. « Je vois ses yeux marron, qui exprimaient toujours la même bonté et le même amour, un grain de beauté qu'elle avait sur le cou, son étroit col blanc orné de broderie, sa main sèche et tendre qui me caressait si souvent et que j'embrassais tout le temps, mais je n'arrive pas à me représenter l'ensemble », expliquait Tolstoï à propos de sa mère.

Avant quatre ou cinq ans, la vie est une eau qui court. Elle ne laisse que quelques cailloux épars ici et là, au fond du ruisseau. Parmi toutes celles qu'il avale sans les digérer, quelle journée va se fixer dans son esprit ? Nous le regardons jouer avec le ressac de la mer, trempé, grelottant, secoué de rires. Ces minutes de pure magie seront-elles recouvertes par l'écume des millions d'heures qui lui restent à traverser ? Gardera-t-il un seul de ces plaisirs qu'il écrase en courant ?

Nous vivons avec lui dans une continuité que sa mémoire ne connaîtra pas. Plus tard, dans la nébuleuse du passé, quelques tableaux se détacheront un à un, comme des feuilles volantes sur la table qui s'éparpillent lorsque la fenêtre s'ouvre brutalement. C'est une vision de la réalité isolée de la suite des jours, sans chronologie.

L'échelle des grandeurs également n'aura pas été modifiée. Ce mur restera immense dans sa

Si nous revenons sur les lieux de notre enfance, il arrive que l'éclat d'une silhouette aimée surgisse derrière une fenêtre. Les détails ont disparu. Il reste simplement ce que nous aimions alors : la capeline rouge, le manteau bleu, et le dernier regard de notre mère juste avant de quitter la maison.

Page de droite

La Capeline rouge
Claude Monet, 1868-1870, huile sur toile, 99 × 79,8 cm, The Cleveland Museum of Art, Cleveland, Ohio.

J'aimais rester auprès d'eux, seulement les écouter sans comprendre, jusqu'au moment où leurs voix devenaient étranges, comme de plus en plus lointaines, et je sentais confusément qu'on me soulevait, m'emportait...

NATHALIE SARRAUTE

mémoire, même s'il pourra ensuite le franchir d'un bond sans presque s'en apercevoir. Avec l'âge, Lilliput finit par rejoindre Gulliver, mais le monde de ses souvenirs ne grandit pas avec lui.

Comme un livre ouvert

Dès six ou sept ans, la mémoire se met en marche avec plus de régularité et de précision. Elle engrange et classe l'essentiel de ce qui lui arrive. Pourtant, dans sa malle aux souvenirs, il trouvera plus tard peu de pièces authentiques. Au jeu de la mémoire, tout se reconstruit perpétuellement. La plupart de nos enfances sont réinventées à la lumière de ce que nous vivons ensuite. « Nous avons tous une dette vis-à-vis de notre propre enfance, car personne d'entre nous n'a accompli ce qu'il s'était promis de réaliser. La seule façon de se racheter est de recréer son enfance », a écrit Marina Tsvetaeva. C'est ainsi que nous faisons tenir ensemble les morceaux disjoints de la conscience. Ses impressions d'enfance vont disparaître, se transformer et ressurgir une à une, comme un rhizome, là où il ne les attendra pas.

Chacun de nous se vit comme un livre ouvert, avec un titre, un exergue, un récit et un chapitre final. Nous relions ensemble les émotions et les expériences qui nous traversent. D'une certaine

Deux visages, des parents peut-être, veillent sur la petite fille de Modigliani, aux yeux d'opaline. Cet amour l'enveloppe sans qu'elle s'en aperçoive. C'est bien plus tard que cette image, dans l'embrasure de la fenêtre, ressurgira de l'oubli.

Ci-contre

La Petite Fille en bleu
Amedeo Modigliani, huile sur toile, 117 × 73 cm, collection particulière, Paris.

Page de droite

La Fenêtre de la datcha
Marc Chagall, galerie Tretiakov, Moscou.

manière, nous sommes perpétuellement les faussaires de nous-mêmes. Nous fabriquons notre propre histoire à partir des pierres d'origine. La mère de Jean-Paul Sartre a eu ainsi un mot délicieux après la lecture des *Mots*, où l'écrivain raconte ses premières années : « Poulou n'a rien compris à son enfance ! » Notre enfant est un autre Poulou qui abrite, sans que nous ne nous en rendions vraiment compte, une vie singulière, intime et déroutante. Il reconstruira ensuite, à sa manière, ces années que nous passons ensemble.

Le jardin du jeudi

Comme on soulève un globe de verre qui a protégé un morceau de terre de la ronce et de la pluie, notre enfant ressentira adulte le besoin de revenir humer les parfums du temps passé pour les distiller dans son alambic intérieur. La mémoire olfactive est une étrange alchimie. C'est comme si l'espace et nos sentiments pouvaient se contracter pour être contenus tout entiers dans une simple fragrance. Nous l'imaginons déjà, dans quelques années, assis en silence devant les buissons de genêts qui dégagent, à chaque printemps, une entêtante odeur sucrée, de miel et de soleil. Entre le pouce et l'index, deux fleurs jaunes feront alors renaître en lui des roulades dans l'herbe, un saut d'obstacles au-dessus de chaises en fer et une cachette où il entendait battre son cœur.

« Tout ce qui naît dans un cœur d'enfant, ce qui le fait palpiter, le serre, l'exalte jusqu'à l'indicible, les paroles, les cris, les silences, tout l'apprentissage de la vie, demeure pour moi inséparable de l'ombre des pruniers rouges, de l'odeur qu'une feuille de cassis exhale sous les doigts qui la froissent, des épines acérées sous le globe des groseilles », écrivait Maurice Genevoix en évoquant son « jardin du jeudi », petit enclos de murs et de haies.

Une clef lui suffira

Certains lieux sont des contrebandiers d'enfance. Ils attrapent au vol tous les souvenirs qui passent. Notre maison enferme pour lui les parfums du temps. L'armoire s'imprègne de ses goûters. Les placards résonnent de leurs disputes. Il entrepose ses matinées d'ennui et ses rêveries

Les souvenirs d'enfance ont l'étrange pouvoir d'être mouvants, et de grandes plages d'ombre entourent les espaces qui restent en pleine lumière. Je n'ai aucun souvenir de la maison, mais un certain couloir, une certaine chambre, brillent encore pour moi d'un éclat mystérieux.

Carson McCullers

C'est l'âge encore enfant, mais presque adolescent, celui où l'on se penche à la fenêtre pour basculer vers le pays du souvenir. Les silhouettes de Balthus semblent toujours retenues par un reste d'enfance et éclairées par la sensualité qui les attend.

Page de gauche
Jeune Fille à la fenêtre *(détail)*
Balthus, 1955, 196 x 130 cm, collection particulière.

solitaires sur les escaliers. Les étés s'enchevêtrent et finissent par se confondre. Tout passera, tout s'effacera, mais la maison restera là, silencieuse et massive, indifférente au temps.

Une clef lui suffira pour lancer la sarabande du souvenir. Il aura l'embarras du choix. Le murmure du parquet évoquera le pas de sa mère. Le grincement des contrevents qu'on ouvre sous le feu du soleil le ramènera à ses jeux autour de la table du café. Les photos de famille lui parleront de ses grands-parents, de ce fil invisible qui les rattache à eux, de l'attachement tendre qui les réunit. La lumière qui se glisse le soir, sous la porte de sa chambre, ressuscitera de vieux fous rires clandestins sous les couvertures.

Ses mercredis seront comme un vieux coffre à jouets recouvert de poussière. Elle soufflera sur le bois pour ouvrir la porte de son enfance. Elle retrouvera aussitôt le goût de la cerise et l'amour des livres qui s'avalent en deux heures. « Nous aussi, nous sommes allés sur ces rivages magiques, et, en dépit du fait que nous n'y aborderons jamais plus, nous avons encore à l'oreille le chant des vagues », écrivait James M. Barrie.

En faisant des travaux dans la maison d'enfance de Charles Dodgson, alias Lewis

L'enfant éternel de Schiele
se souvient peut-être
de la petite fille qui courait,
quelques années plus tôt,
derrière son cerceau,
sous les arcades immenses.

Ci-contre

Mélancolie d'une rue

Giorgio de Chirico, huile sur toile, 90,5 × 58,8 cm, Kunsthalle, Hambourg.

Page de droite

Petite Fille blonde en robe rouge

Egon Schiele, 1916, mine de plomb et gouache sur papier, 46 × 30,8 cm, collection particulière, Galerie St. Etienne, New York, Kallir D. 1818.

Plus tard, c'est ainsi qu'il reverra son visage, dans la lumière floue qui succède à l'orage, entre les derniers rayons du soleil et les outres vides des nuages, enfermé dans le carcan de ses habits du dimanche, pendant que ses pensées, libres, heureuses volaient vers ces pays sans entraves dont il rêve chaque nuit.

Ci-contre

Portrait d'Ari Redon au col marin
Odilon Redon, huile sur carton, 41,8 × 22,2 cm, musée d'Orsay, Paris.

Mes parents me voyaient petit garçon avec ma blouse noire, ma petite cravate blanche, allant à l'école, en retournant, étant très gentil avec eux. Mais j'avais une vie intérieure, essentiellement magique, dans laquelle ils ne pénétraient pas.

Jean Giono

Carroll, les nouveaux propriétaires découvrirent une petite cache contenant un dé à coudre, une minuscule paire de gants et un soulier droit de poupée. L'écrivain avait constitué un trésor enfantin et l'avait oublié là. Par le mystère de l'écriture, Lewis Carroll avait cependant doté Alice au pays des merveilles du même butin, au détail près. Une vie n'avait pas suffi à épuiser l'enchantement de cet instant. L'enfant éternel voulait prolonger encore son jeu.

Les sentinelles de l'enfance

Notre corps lui-même sera un palimpseste. Notre peau va se rider, nos cheveux blanchiront, mais le parfum de nos baisers restera le même et il saura les reconnaître. Albert Camus racontait : « Quand il arrivait devant la porte, sa mère l'ouvrait et se jetait dans ses bras. Et là, comme à chaque fois, elle l'embrassait deux ou trois fois, le serrant contre elle de toutes ses forces, et il sentait contre ses bras les côtes, les os durs et saillants des épaules un peu tremblantes, tandis qu'il respirait la douce odeur de sa peau qui lui rappelait cet endroit, sous la pomme d'Adam, entre les deux tendons jugulaires, qu'il n'osait plus embrasser chez elle, mais qu'il aimait respirer et caresser étant enfant quand il faisait semblant de s'endormir, le nez dans ce petit creux. »

Nous veillerons à sa place sur les rampes en fer en forme de piste de ski le long des escaliers de la rue. Chaque jour, alors qu'il sera loin et affairé, nous reviendrons marcher dans ces ruelles, dont nous sommes les seuls à connaître le secret. Ainsi, nous pourrons longtemps partager avec lui, en secret, quand il en aura besoin, quelques bouffées d'enfance. Un gâteau, un rituel, des histoires drôles et des moqueries, seront notre machine à remonter le temps. Adulte, il aura parfois besoin de redevenir un enfant qu'on protège et qu'on nourrit, ne serait-ce que pour une heure.

Rentrer dans le jeu

Sa mémoire d'enfance sera pour lui, demain, à la fois une douleur et un bonheur. La souffrance est celle de notre condition mortelle, où chaque heure nous rapproche du néant. Certaines existences se passent alors à ouvrir un à un les tiroirs de l'enfance, comme ces murs des vieilles merceries, où chaque pièce possède sa propre étiquette, tout simplement pour arrêter le temps. Les premières années apparaissent alors comme un éden, débordant de cette gratuité et de cet infini que l'on ressent dans les bras maternels, et

C'est un drôle d'exil que d'être exilé de son enfance.

ANTOINE DE SAINT-EXUPÉRY

qui pourtant s'éloigne inexorablement. Albert Cohen écrivait : « Ton enfant est mort en même temps que toi. Avec toi, je n'avais pas besoin de faire l'adulte. Je n'ai plus personne pour me gronder si je mange trop vite ou si je lis trop avant dans la nuit. Je n'ai plus dix ans et je ne peux plus jouer avec des bobines ou des décalcomanies, dans la chambre chaude, loin du brouillard de la rue d'hiver. »

Un parfum d'absolu

Le désenchantement du monde qui accompagne la sortie de l'imaginaire est une blessure, et notre enfant n'y échappera pas. Aujourd'hui, il confond parfois encore la réalité et son univers intérieur. Il lui suffit d'une heure pour traverser l'Atlantique à la rame sur un étang. Il devra demain faire coïncider les choses et les êtres avec ce calque pur, cette esquisse de quelques traits rapides qu'il trace devant nous sur le monde qui l'entoure, ce parfum d'absolu qu'il respire le soir sous les draps. Ce décalage ne le laissera pas indemne. Avec les années, la passion de l'enfance pâlira, quelque chose d'indéfinissable se figera en lui, sa mémoire se cristallisera par endroits comme des blocs de sel.

Antoine de Saint-Exupéry écrivait : « Que reste-t-il lorsque, devenu homme, on vit sous d'autres lois, du parc plein d'ombres de l'enfance, magique, glacé, brûlant, dont maintenant, lorsqu'on y revient, on longe avec une sorte de désespoir, de l'extérieur, le petit mur de pierres grises, s'étonnant de trouver fermée dans une enceinte aussi étroite une province dont on avait fait son infini, et comprenant que dans cet infini, on ne rentrera jamais plus, car c'est dans le jeu, et non dans le parc qu'il faudrait rentrer ? »

Mais son enfance ne sera pas toujours un poids qui retient en arrière. Lorsqu'il grandira, elle deviendra une source où puiser la confiance en autrui, la curiosité des choses, le goût de l'amitié à deux et la volonté de construire une vie à la hauteur de son désir. Sa frénésie de tout connaître et de tout saisir ne le quittera jamais vraiment. Sa liberté, son insouciance des règles communes et des frontières, seront le meilleur de lui-même, le plus authentique, le plus excessif peut-être. Son amour de la vie et peut-être aussi notre amour se concentrent dans ses désirs de sept ans. Pour qu'il accomplisse demain ses rêves, nous devons maintenant dénouer les liens qui le rattachent encore au sol et apprendre à le quitter. Car sinon, comment pourra-t-il croire à l'impossible ?

Un jour, une heure, c'est l'envol. Elle le tient encore serré contre elle. Du doigt, elle lui montre sa vie à lui. C'est une étendue de neige qu'aucun pas n'a foulée. Bientôt il lâchera sa main. Mais la plénitude de ces instants-là ne le quittera jamais.

Page de droite

Oda et Per à la fenêtre
Christian Krogh, 1892, pastel sur papier, 90 × 63,5 cm, Nasjonalgalleriet, Oslo.

Lettre
à une mère
sur la vie d'un enfant

Par le professeur Bertrand Cramer

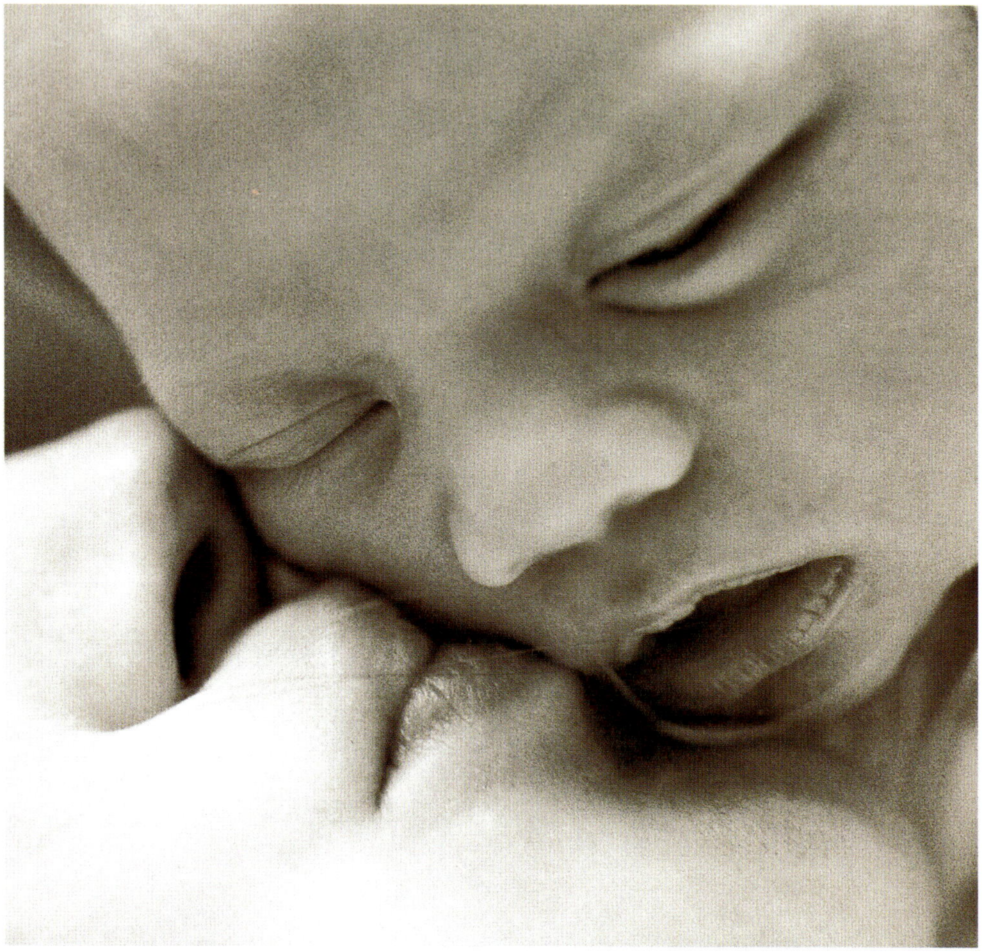

Photographies Valérie Winckler

Un jour, vous avez décidé d'avoir un enfant. Et le voilà, étranger et familier, humide et perdu, infiniment vivant, dans son berceau de verre. Vous êtes fatiguée, étourdie peut-être. Je vous devine traversée d'émotions contraires. Vous hésitez, sur votre barque de fortune, entre les rives du bonheur et celles de l'inquiétude. Vous regardez votre bébé, cet inconnu, tout juste sorti de votre ventre.
C'est votre première nuit ensemble.
À cet instant, je veux pousser délicatement la porte de votre chambre, dans cette odeur si singulière des maternités, mélange de propre et de parfums humains, faits des selles de nouveau-nés, du lait maternel et des soins infirmiers. Une simple veilleuse nous éclaire, mais cela sera suffisant. Ce que j'ai à vous dire s'accorde bien avec la douceur de la nuit. Vous permettez que je m'assoie à vos côtés ? Je ne vous ai jamais rencontrée mais je vous connais bien. Vous êtes une mère et cela me suffit. Vous souriez, mais c'est ainsi : ce petit être, à peine plus grand que votre avant-bras, aux minuscules poings serrés, emmailloté de laine, vous a transformée en mère. Quelqu'un est entré dans votre existence. Il y est pour longtemps. Il y est pour toujours. Depuis que l'infirmière a poussé ce berceau dans votre chambre, le temps s'est suspendu. Vous ne l'imaginiez peut-être pas tout à fait comme cela, n'est-ce pas ? Ce tout-petit est sorti de vous, mais il n'est pas à vous. Sa vie s'est déroulée à l'abri d'une autre vie. Il est venu à son heure. Regardez votre main posée sur votre ventre, comme pour le protéger. Vous cherchez à comprendre ce qui vous arrive. Vous étiez lourde, et vous voilà légère. Vous vous sentiez forte, et vous êtes soudain fragile. Rares sont les expériences aussi troublantes dans une existence humaine. Depuis quelques semaines, vous faites des rêves étranges, d'une précision et d'une intensité inconnues. Votre inconscient affleure à la surface. Votre identité profonde, l'image que vous portez de vous-même, se modifie, s'agrège différemment. C'est pourquoi je voudrais vous raconter ce soir deux ou trois choses que je sais sur la vie d'un enfant.

La préhistoire du bébé

Un bébé vient de si loin ! Sa vraie vie ne coïncide pas avec son existence biologique. L'enfant prend corps avec le premier « peut-être » que sa mère et son père ont prononcé. Il est né d'une rencontre et d'un désir ; il a une histoire, seulement connue de ses parents.
Mais ce bébé a aussi une préhistoire que nul ne pourra jamais appréhender entièrement. Elle est inscrite dans les rêves de ces adolescents qui deviendront ses parents, dans leur apprentissage de l'amour. Elle est faite des jeux de sa mère, lorsqu'elle berçait une poupée de plastique, ou des chagrins de son père lorsqu'il glissait un chiffon sous sa joue avant d'enfouir sa tête dans l'oreiller et de s'endormir... La préhistoire de ce bébé rejoint alors une autre histoire, celle d'un nouveau-né, agitant ses bras

désarticulés dans son couffin : c'était sa mère, c'était son père, et, déjà, c'était lui. Mais il faut remonter plus loin encore le récit, sauter à la génération précédente, lorsque la grand-mère du bébé donnait le sein à son enfant. Car le bébé d'un homme et d'une femme est également fait de l'amour qu'ils ont reçu, des frustrations et des rêves de leurs propres parents et des parents de leurs parents.

Quelques heures à peine après avoir gonflé ses poumons d'un peu d'air brûlant, le bébé a donc une histoire qui précède et qui dépasse celle de ses géniteurs. Il s'inscrit quelque part dans une filiation. Il est un héritier.

Le choix du prénom est souvent le sceau qui marque la place de l'enfant dans sa lignée.

Mon second prénom est Gabriel.

Un de mes lointains ancêtres, grand mathématicien, s'appelait ainsi. Je crois que j'ai reçu une sorte de mission, de prédétermination précoce, qui a fait de moi le seul scientifique de ma famille ! Freud disait : « Les prénoms de nos enfants font d'eux des revenants. »

Ils commémorent, ils célèbrent, ils louangent, ils décalquent. En somme, ils sont le reflet d'une histoire.

Le bébé dans la tête

Une femme met ainsi au monde deux bébés. Il y a bien sûr celui qui dort, tout à côté de la jeune accouchée, qui respire à peine, fripé, avec ses petites croûtes sur le front, c'est le bébé de chair. Et puis il y a celui qui a grandi

dans son esprit, fait de souvenirs, d'inconscient, de rêves, d'aspirations, de craintes, de haine parfois : c'est le bébé dans la tête.
Lorsqu'un tout-petit vient au monde, chacun se précipite pour le langer, le baigner, le nourrir ou le caresser. Il est si vulnérable qu'il ne survivrait pas deux jours sans nos soins. Mais qui se soucie de l'autre nouveau-né, le bébé dans la tête ? Qui prend soin de lui ? Qui l'apaise ?
La place de ce bébé imaginaire est d'autant plus grande lorsqu'il s'agit d'un premier-né, particulièrement quand c'est un garçon, celui qui prolonge le nom. Pendant des mois, la mère a rêvé de lui. Avec son père, elle a construit un bébé idéal, un petit humain qui va pouvoir réussir ce qu'ils ont eu le sentiment de rater, qui sera fort s'ils sont faibles ou beau s'ils se trouvent laids. Il devra aussi prolonger l'histoire familiale et reprendre le flambeau, être en somme une part d'eux-mêmes. L'enfant va passer sa vie avec cet autre, son double, à la fois son ami et son ennemi.
Un jour, avec une grande sincérité, le peintre Salvador Dalí se confiait à la caméra, à propos de son comportement excentrique : « Si je suis aussi excessif, disait-il, c'est que je dois toujours rappeler au monde que j'existe, que je ne suis pas la pâle copie de mon frère mort juste avant ma naissance. » Ainsi jouait-il un personnage pour se prouver à lui-même qu'il existait.
Il avait été jaugé pendant des années par un enfant idéal au-dessus de sa tête.
Il existe des histoires moins tragiques, comme cette grande lignée d'explorateurs suisses, les Piccard. Le grand-père, Auguste, fut le premier homme à monter en ballon dans la stratosphère. Le père, Jacques, se lança dans la conquête du record du monde de descente sous les océans en bathyscaphe. Le fils, Bertrand, est devenu le premier homme à effectuer un tour du monde en ballon. Les trois petites filles de Bertrand Piccard montaient dans l'avion qui les emmenait rejoindre leur père en Afrique.
La caméra filmait en gros plan l'aînée.
Une phrase s'est inscrite sur l'écran : « Que fera-t-elle à son tour ? » À des titres divers, tous les parents signent ainsi un contrat avec leur enfant nouveau-né. Il a une mission qui lui est propre et avec laquelle il devra négocier toute sa vie.

*

Vous êtes soudain soucieuse. La vie a déposé un tel pouvoir entre vos mains ! Je comprends votre inquiétude. Mais rassurez-vous, l'ordre du monde est plus complexe que cela. L'enfant se crée aussi lui-même.
Regardez ! Votre bébé a modifié sa position. Il a posé sa tête contre la paroi du berceau. Il cherche à être tenu. Son sommeil est profond. On a du mal à imaginer, penché sur cette calebasse de plastique transparente, tout ce qu'il a dû mettre en place avant de venir au monde. Vous rappelez-vous le jour où vous avez su que vous étiez enceinte ? Un petit test coloré ou une simple prise de sang, pour une si grande nouvelle… Votre ventre alors était plat. Rien

n'avait changé, sinon peut-être quelques nausées. Essayez pourtant de vous représenter les premières semaines du fœtus : la multiplication des cellules, ce morceau d'humain plus petit que le pouce qui se forme, grandit, se modèle, commence à entendre, à palpiter, à exister dans l'inconnu de votre corps. C'est un phénomène inouï. Imaginez que vous doubliez de volume tous les mois ou que vous entendiez aujourd'hui cinquante fois mieux que la semaine dernière !
Pendant neuf mois, votre ventre s'est arrondi : une explosion se déroulait derrière cet abri de chair et de muscles.
Il faut des milliers de réactions en chaîne pour faire ce petit humain de cinquante centimètres, avec un sexe plus petit qu'une noisette et des ongles transparents. Mais peut-être suis-je importun. Vous devez être si lasse…
Nous pouvons continuer demain. La nuit est tombée maintenant. Son manteau nous enveloppe alors qu'à quelques centaines de mètres de cette chambre, à l'autre bout du monde, le flot des voitures continue sa course indifférente. La vie est comme cela, c'est un pousse qui surgit là où personne ne l'attend.
J'ai l'impression ce soir d'avoir rendez-vous avec toutes les mères que j'ai connues. Chacune d'entre elles m'a apporté quelque chose, parfois une toute petite chose, mais semblable à ces cailloux de rivière, ronds sous la main, polis par les courants, fruit de leur expérience. Je vous les rends ce soir. Ils pourront, peut-être, jalonner votre chemin de mère.

Un cerveau à lui tout seul

La vie dans l'utérus n'est pas comme dans un cube de verre. Elle n'est sans doute pas aussi simple qu'il n'y paraît vu du dehors. Imaginez le battement du cœur de la mère, sa voix, le sang qui circule, les fluides qui s'écoulent, les bruits du dehors… Que ressent vraiment le fœtus ? Est-ce qu'il a peur ? L'angoisse est un peu notre bain naturel. C'est elle qui nous tient en éveil. Il n'y a pas de raison pour que le fœtus ne la ressente pas. Mais lui n'a pas encore de langage et de mémoire pour la nommer.
Le système nerveux se développe pendant la grossesse. Il construit une série de prédilections et de sélections qui lui serviront ensuite à la naissance. Il prépare ainsi le terrain pour recevoir la pensée, les images et la mémoire, qui s'agrégeront au cours des premiers mois.
Le sommeil est particulièrement important dans ce processus. On observe plusieurs phases dont la plus importante est le sommeil paradoxal, c'est-à-dire le moment des rêves, lorsque l'activité électrique du cerveau devient brutalement intense : les yeux roulent de gauche à droite, une excitation sexuelle survient. À l'approche du terme, quelques jours avant sa naissance, les rêves occupent la moitié du temps de sommeil d'un bébé. Ce rapport va progressivement diminuer. Un adulte rêve, en proportion, deux fois moins longtemps.
Le sommeil paradoxal jouerait un rôle de préconditionnement pour les apprentissages.

Le cerveau s'organise de telle sorte qu'il met en place des moyens de protection ; à la naissance, le bébé pourra se défendre contre des stimuli trop violents en abaissant simplement son niveau de vigilance. Cette protection fait défaut chez les prématurés. Ils sont donc ultrasensibles au bruit et à la lumière. Il leur manque quelques semaines de maturation neurologique. Un bébé de quelques heures a déjà une signature cérébrale particulière. Il a une manière de réagir au stress différente de celle d'un autre bébé. Son électro-encéphalogramme est unique. Si l'on faisait une volumétrie du cerveau à tous les nouveau-nés, nous constaterions que la taille et la forme des différentes parties du cerveau varient de manière parfois significative.

Les capacités du bébé

Le bébé est vraiment une personne. Son cerveau est capable de faire des synthèses étonnantes. On a pu constater qu'à trois semaines un enfant préférera regarder l'image d'un visage plutôt qu'un amas de traits abstraits. Si on habitue l'enfant à une tétine rugueuse, avec des petites bosses en relief, il regarde ensuite plus longuement cette tétine qu'une tétine lisse quand on lui présente les deux objets : il existe à projeter ses sensations tactiles et buccales sur ce qu'il voit. Il fait spontanément des associations.
Son acuité visuelle augmente très rapidement après la naissance. De cinquante fois inférieure à celle de l'adulte à la naissance, elle passe

à seulement cinq fois inférieure à six mois. L'enfant en quelques mois voit donc dix fois mieux. Imaginez le bouleversement de ses perceptions ! C'est comme si un adulte pouvait, en quelques semaines, voir à un kilomètre et non plus à cent mètres… Le monde acquiert peu à peu pour lui de la profondeur, du relief. C'est la raison de l'intensité de leur regard : ce sont deux billes étincelantes et dévorantes qui découvrent un monde qui change chaque jour.

Une relation passionnelle

Le grand coup de foudre à la naissance est plutôt rare. Ce petit bébé qui crache un peu de lait est difficile à comprendre. Il émet des signaux étranges. Il est périodiquement submergé par la faim et la soif, traversé par des accès d'angoisse qu'il ne peut prévoir ni maîtriser, égocentrique, avide de présence et de soins. Il demande une forme d'altruisme aveugle tout à fait unique dans la vie d'un être humain. Il sollicite sa mère sans relâche. C'est une attente envahissante, à laquelle elle est sommée de répondre.

Le cas de la première tétée est symbolique de la manière dont s'instaure la relation de la mère et de l'enfant. Il y a probablement, lors de la première exposition au lait maternel, une réaction explosive, comme si le nouveau-né voyait le soleil. Il est programmé pour cela. Ce bébé avide, dont la bouche est hypersensible (le pourtour des lèvres est, à la naissance,

la partie la plus développée au niveau sensoriel), va chercher le mamelon de la mère. Au bout de quelques tétées, le pli est pris. La mère sent combien son sein est important pour le bébé, et c'est alors que l'attachement commence.
Peu à peu, au fil du temps passé ensemble, une danse s'installe entre elle et son enfant. Elle apprend son poids, ses gestes fébriles, ce qu'il aime et le rassure. En retour, le bébé s'habitue à ses gestes d'adulte. Au bout de quelques semaines, il s'abandonne totalement. Entre dix voix, il tressaute à son approche. Entre dix mouchoirs, il cherche le sien. Il reconnaît le goût de son lait. Il faut comprendre qu'il n'a pas d'autres moyens qu'elle, à sa disposition, s'il veut grandir. Il est obligé de percevoir ses émotions, de composer avec elles.
Un bébé a besoin de la lumière comme de l'eau. Si nous fermions son œil à la naissance avec une coquille de plastique opaque, la rétine s'atrophierait et il deviendrait aveugle.
De la même manière, pour que les fonctions cérébrales se développent, et souvent pour que son corps lui-même trouve les hormones de croissance qui lui sont nécessaires, il lui faut un stimulus humain.
Je travaille depuis plusieurs années dans un orphelinat roumain. Des centaines de bébés ont été abandonnés. Par un mystère qui est celui de la condition humaine, seule une poignée d'entre eux ont eu assez de vigueur intérieure ou de violence pour happer l'attention des rares adultes qui les encadraient. Ils ont pu se développer en ramassant ces miettes de présence. Un enfant a vraiment besoin d'une nourriture affective, sensorielle et intellectuelle pour grandir.
Toutefois, une mère peut prendre le temps d'aimer son bébé, de l'apprivoiser, je dirais même de l'adopter. Un bébé de trois fois rien, totalement dépendant, transforme progressivement une femme, peut-être insouciante, en tous les cas préoccupée comme tout un chacun par elle-même, en une mère entièrement accaparée par autrui. La voilà assaillie de mille pensées sur le sens de la vie, les valeurs qu'elle va transmettre à cet enfant, inquiète à l'idée de ce qu'elle peut faire ou ne pas faire. Alors qu'elle pouvait auparavant se tenir à l'écart de sa famille, ni tout à fait dedans ni tout à fait ailleurs, elle hérite d'une place dans l'histoire familiale. Ses parents et ceux de son compagnon se pressent autour d'elle. Elle devient dépositaire de quelque chose de plus grand qu'elle.
La jeune mère reste pendant plusieurs mois suspendue aux moindres mouvements de son enfant. Cette dépendance parfois la bouleverse et l'inquiète. Elle peut alors être gagnée par ce qu'on a appelé « la folie maternelle ». Elle a peur qu'il arrête de respirer, qu'il s'étouffe, qu'il ait faim.
Une part d'elle-même va désormais sans cesse veiller, penser, prévoir, réfléchir. Pour un enfant qui, pendant des mois encore, ne sait ni parler ni tout à fait comprendre, mais peut infiniment

ressentir. Elle entre dans la relation la plus passionnelle qui puisse exister entre deux humains. L'orage hormonal que les mères subissent, le remue-ménage physique et mental qui a lieu, l'apparition de ce sentiment nouveau de dépendance à l'égard d'autrui, n'est pas toujours sans conséquence. La fatigue physique se trouble alors parfois d'une fatigue d'être passagère.

*

Les bruits du dehors s'atténuent, n'est-ce pas ? Je n'ai pas de montre. L'infirmière n'ose pas nous déranger. Elle imagine sans doute que je traite un cas bien délicat ! Promettez-le-moi, vous m'arrêterez lorsque vous vous embêterez, n'est-ce pas ? Je me suis échappé pour venir humer l'air de la maternité, au hasard des couloirs. Je voulais, une fois encore, observer ces nouveau-nés, couchés sur le flanc, épuisés par leur venue au jour, les traits détendus par le travail bien fait, respirant dans leur pouponnière comme derrière la paroi tiède d'un aquarium. Je ne cherche même pas à imaginer leur histoire. Je cède à un pur exercice de contemplation. Avec le temps, j'ai acquis une sorte de distance, qui n'est pas le détachement, mais l'autre nom de la tendresse. Car c'est une matière infiniment complexe que la nôtre…

Un univers à trois dimensions

Les parents apprennent un nouveau langage. C'est d'abord une langue de gestes et un corps à corps. Ils prennent le bébé à leur manière, le bercent, le langent ou le nourrissent d'une façon qui ne ressemble à aucune autre. Ils découvrent tout un monde d'odeurs, qui a son importance : la peau du bébé, son savon, sa laine, et même ses selles un peu blanches. La mère elle-même, par son odeur, son parfum ou son lait, parle avec son corps au bébé. Tour à tour, la mère, le père et l'enfant composent ainsi une grammaire de sons. Le bébé module ses cris. Bientôt, il prend du plaisir au babil et aux vocalises. De son côté, la mère enveloppe l'enfant d'un bain de mots, d'une langue maternelle, moitié chantée moitié parlée, qui l'enveloppe comme un linge. Le père est un contrepoint, plus grave, plus lointain, voix étrangère et familière à la fois. Les parents deviennent aussi physionomistes et mimes, alternant grimaces et sourires, regards et froncements de sourcils. Un collègue anglais avait une phrase très belle sur l'échange des regards. Il expliquait que l'enfant cherchait dans les yeux de sa mère, non seulement son regard à elle, mais aussi son identité à lui. Pourtant le bébé ne sourit pas vraiment à ses parents. Ce n'est pas encore une intention, mais un réflexe mécanique, qui apparaît au troisième mois, et qu'il répète à l'envi dès qu'un visage s'approche de lui. Mais les parents ont l'impression qu'il leur parle. C'est une étape essentielle de la vie d'un bébé. Il devient enfin un être humain tel que ses parents en connaissent. Il sort de son étrangeté, et c'est un moment merveilleux.

La paternité est aujourd'hui au centre de bien des interrogations. J'ai connu des mères sans compagnon. Leur esprit était envahi par une empreinte invisible du dehors, mais terriblement présente du dedans. Car le père du bébé est là depuis l'origine. La mère a voulu un petit de lui. L'enfant imaginaire est une fabrication commune ; chacun a ajouté un peu de lui-même dans ce rêve-là.
Bien sûr, le père réagit toujours à partir de son histoire et de sa propre enfance. L'homme est un intrus nécessaire. En confrontant sa compagne à l'image de mère idéale dont lui a hérité, il contraint la mère de l'enfant à modeler sa propre identité, à partir de deux pôles, au lieu de reproduire seulement son schéma familial.
Le père du bébé est aussi celui qui sort la mère de « la folie maternelle » autour du tout-petit. Au début, la mère est souvent persuadée que son bébé est extrêmement fragile, qu'elle est la seule à pouvoir le protéger. À chaque murmure, elle se précipite au-dessus du couffin.
Pendant l'apprentissage mutuel avec le bébé, la mère censure l'amante. Parce que le corps n'était pas prêt, parce que l'esprit est retenu par l'âme du berceau, elle n'a plus envie de faire l'amour. Au bout de quelques semaines, le père revient dans la danse, et la vie de la mère reprend. Elle retrouve les gestes de l'amour et une vie de femme.

La vie stressante du bébé

Il ne faudrait pas idéaliser la vie d'un nouveau-né. Nous lui accordons tant d'attention que nous l'imaginons heureux. Mais ses pleurs nous alertent sur la difficulté de son existence. Il régurgite. Il a mal au ventre. L'enfant vit des stress répétés. Sa vie quotidienne est une succession de petits traumatismes. Dormir est la grande affaire de sa vie. Le bébé a besoin d'énormément de sommeil pendant presque un an. Certains enfants mettent du temps à régler l'architectonie du sommeil. J'ai rencontré des parents qui en devenaient fous ! Ils auraient jeté le berceau par la fenêtre pour que l'enfer nocturne cesse… Le manque de sommeil et le stress de ces réveils chaotiques rendaient leur vie particulièrement pénible. Mais certains étaient eux-mêmes responsables de cet engrenage. J'ai reçu une femme en consultation qui, aux moindres pleurs du bébé, se précipitait pour l'embrasser, le bercer, le rassurer. Pour le tout-petit, il n'y a pas de plus beau cadeau. C'est ainsi que le cycle infernal se met en route. Au bout d'un certain temps, il s'inscrit dans l'horloge interne du bébé. C'est une répétition nourrie de fébrilité mutuelle. Il faut alors progressivement ramener le calme intérieur de la mère et du bébé, leur apprendre à s'abandonner dans le sommeil. En tant qu'adulte, c'est la pensée et la capacité à faire vivre autrui de manière imaginaire, même s'il n'est pas là, qui nous permettent

de pallier son absence. Pour le petit enfant, le temps n'existe pas. Il n'y a qu'un présent, absolu et envahissant. Aucun enfant, à un an, ne peut comprendre que, si sa mère disparaît quelques instants, elle va revenir « dans dix minutes ». Pour lui, la mesure d'horloge ne veut rien dire. La notion de réversibilité (elle peut revenir, cela me prendra seulement le temps d'effectuer telle ou telle activité) se développe tardivement. Chez le bébé, toute séparation est irrévocable. L'absence restera longtemps le danger par excellence.
En suivant des hommes et des femmes victimes de chocs psychologiques violents, on a pu constater des modifications cérébrales importantes. L'événement avait touché des régions fondamentales porteuses de la mémoire : au lieu d'oublier, les victimes se remémoraient les instants de violence, comme sur un disque rayé.
Toutes proportions gardées, ces observations nous apportent des enseignements importants pour le tout-petit. On peut imaginer qu'il vit certains événements comme des traumatismes. Il est envahi par des images insupportables pour lui. Il est incapable de comprendre que sa maman est sortie de la pièce et qu'elle va revenir.
Face à cette angoisse, l'enfant doit trouver des substituts symboliques. C'est ainsi qu'il apprend à vivre de manière autonome. Il arrive souvent qu'il s'attache peu à peu à un « doudou », bientôt indispensable à sa survie. En Suisse, nous appelons cela une « patte ». C'est un petit chiffon bien sale, bien déchiré, qui sent mauvais, mais qui est à soi. Dans notre langage de psychiatre, on l'appelle un « objet transitionnel ». Il fait la transition entre le réel et l'espace imaginaire. L'enfant se dit : « Ça, c'est ma mère ! »
Chaque mère est ainsi transformée en petit bout de coton imbibé de son odeur… Le bébé le met où il le décide, il en fait ce qu'il en veut, il le déchire, le mord, le tabasse. Il l'adore. Il devient l'objet de sa toute-puissance. Le doudou fait office de palliatif, d'anesthésiant et de dérivatif.
C'est comme cela que le bébé résout un problème central de l'humanité : comment faire quand des choses ou des gens ne sont pas là ? Comment remédier à ce sentiment atroce qui est le vide de l'absence ?
Tout l'art des parents consiste à aider l'enfant à passer ce cap. Il faut bien sûr le protéger contre ses détresses intérieures. La mère apprend à prévenir de son absence, à installer un rituel, pour lui montrer que le sentiment de séparation se domestique. Mais il faut parfois aussi qu'elle se protège d'elle-même. Car l'angoisse se vit des deux côtés. Certaines mères sécrètent le chagrin chez l'enfant. Elles ont, inconsciemment, une attente de pleurs et de douleurs qui les rassure sur l'attachement du bébé, comme l'huître collée au rocher.
Si une mère protège trop son enfant, comment pourra-t-il trouver en lui les ressources nécessaires pour affronter la solitude, qui est notre lot commun ? Si l'enfant reste dans le monde de la toute-puissance maternelle, s'il suffit au bébé de dire « j'ai envie de… » pour que l'action correspondante à son désir suive

immédiatement, il deviendra un petit tyran. J'ai connu un père qui surveillait sa fille dans la cour de récréation avec des jumelles, prêt à intervenir à tout moment ! Après avoir tant donné à leur enfant, ces parents avaient le sentiment que c'était un peu d'eux qui grandissait, qui jouait, qui riait aux éclats, qu'en somme il leur appartenait et qu'eux seuls pouvaient comprendre ce dont il avait besoin. Il y a, dans la vie d'une mère, bien d'autres cordons à couper que celui qui relie le fœtus à son corps...

*

La nuit est douce. L'odeur des fleurs de marronnier se mêle à la poussière de la ville. On dirait que le sol respire et que les reliefs sont accrus. La fatigue tombe sur nos épaules. Elle rend nos mots sourds et pesants. Mais le cerveau embrumé prend alors le temps de penser, en longs méandres, autour de l'essentiel. Je vais vous aider à trouver une meilleure position. Prenez donc cet oreiller-là. Voilà, vous serez mieux. Ne faites plus d'effort pour m'écouter. Reposez-vous. J'ai l'impression, en vous parlant, que les choses se mettent en place dans mon esprit. L'accessoire et l'inutile se noient avec le jour. Tant de choses s'éclairent... Les mots viennent tout seuls. Je n'avais pas vu qu'il s'était griffé le visage avec ses ongles, là, juste derrière l'oreille. Ce n'est rien qu'une blessure de naissance. Ses sourcils sont si longs qu'on dirait de petites herbes sauvages. Regardez son crâne, ni tout à fait des cheveux ni tout à fait un duvet. Il est encore à ses rêves utérins. Petit humain, bienvenue parmi nous... C'est bientôt l'aube. Regardez cette voiture qui arrive dans la cour. Hier, c'était la vôtre. Un couple s'approche. L'homme a une valise à la main. Sa femme marche à pas comptés, les mains sur les reins. Le carrousel infini de la vie ne s'arrête jamais. Un autre enfant, une autre histoire se prépare, dont ni vous ni moi ne comprenons le sens.
J'aime votre sourire. Vous êtes pâle, mais vos lèvres ont une belle couleur. Vos baisers seront doux. Vous aimez les silences partagés. C'est bien : ce bébé aura son saoul de tendresse. J'aimerais que cette nuit dure longtemps encore. Tant de mots insignifiants s'échangent chaque jour ! La vie mérite bien qu'on la veille aussi. J'ai souvent rêvé de passer une nuit au-dessus d'un nouveau-né, juste avant que sa vie bascule dans l'inconnu, comme les fées des contes d'enfant. Je n'ai pas de sorts à distribuer, ni de vœux à formuler. À peine quelques histoires à raconter.

Agir en fonction d'autrui

À la fin de la première année, l'enfant a déjà une notion d'autrui. Il est en train de prendre conscience que l'autre a une pensée, une vie autonome et peut-être aussi des émotions. Progressivement, il va développer sa capacité à agir en fonction d'autrui. Il va apprendre à anticiper les réactions de sa mère.
Un de mes amis américains a mis en place une expérience intéressante. Il a rassemblé

plusieurs enfants qui ne marchaient pas encore, mais se déplaçaient à quatre pattes. Il avait disposé sur le sol un tapis en damier noir et blanc. À l'extrémité, il avait posé un jouet attirant. Pour l'atteindre, l'enfant devait marcher sur un carré de verre, où, par illusion d'optique, il avait l'impression de surplomber une falaise. Lorsque le bébé arrivait effectivement au bord de la fausse falaise, il se tournait vers sa mère. Si elle souriait et l'encourageait, l'enfant avançait. Si elle grimaçait et prenait peur, il reculait. Cette expérience montre à quel point l'enfant construit des significations du monde en fonction de son entourage et des feux verts, orange ou rouges qui lui sont continuellement adressés, que ce soit sur le plan culturel ou émotionnel. Le bébé, en grandissant, va organiser son monde intérieur et ses réactions en fonction de la signification que ses parents donnent à la vie. Il se voit en eux. Il épie sur leur visage les marques de reconnaissance et d'amour. Les frontières entre l'inné et l'acquis se déplacent au gré des découvertes de la neuroscience. Les observations que l'on a pu faire à partir des jumeaux sont pleines d'enseignements. De faux jumeaux, nés du même ventre, à quelques minutes d'intervalle, élevés par les mêmes parents, ont des goûts, un caractère et des attitudes qui ne se ressemblent pas. De vrais jumeaux qui ont été élevés dans des familles différentes, parfois à des centaines de kilomètres l'un de l'autre, présentent en revanche des similitudes de comportement troublantes.

Il est généralement admis que l'agilité intellectuelle de l'enfant est fortement déterminée par l'inné. De même, l'apprentissage de la marche et le développement du langage sont préencodés chez l'enfant. Si un adulte s'occupe d'eux et les stimule normalement, l'immense majorité des enfants prononcent leurs premiers mots vers un an, développent les premières phrases vers dix-huit mois et sont capables de raconter une histoire cohérente vers quatre ans. Il existe également un socle de caractère. On observe très tôt chez les bébés un besoin d'engagement physique ou une inclination à l'indolence, une tendance à aller vers l'avant ou, au contraire, un réflexe de retrait.

Devenir soi

En revanche, la construction du sentiment d'identité, la stimulation des différentes fonctions psychologiques ou intellectuelles, sont bien sûr étroitement dépendantes de l'environnement. Vers deux ans, tout est souvent prétexte à caprice pour l'enfant. Les parents cherchent à organiser un minimum de discipline : le rangement, le bain, le repas, le sommeil. L'enfant oppose un « non » catégorique, qui survient à l'improviste. Ses parents doivent le comprendre. Si l'enfant obéissait au moindre de ces ordres, il resterait confiné dans une position passive. Ces « non » successifs sont une affirmation de lui-même, une manière de leur dire : « Vous voyez, je ne suis pas entièrement soumis au besoin absolu d'être aimé. »

Au fil des mois, ce besoin de résistance s'accentue, jusqu'à la période du terrible non, en général autour de la troisième année. L'opposition de l'enfant devient une fin en soi. Il n'y a plus de logique. La dynamique familiale se renverse. Un petit bout d'affaire de trois ans devient un tyran familial. C'est l'exemple par excellence de l'extraordinaire puissance des enfants.
Les parents entrent avec leur enfant dans une lutte de pouvoir, où, sans éradiquer la volonté de leur enfant, il vaut mieux qu'ils n'abdiquent pas. J'ai connu des parents entrés dans une attitude de soumission inimaginable. Ils avaient tellement peur de faire mal à leur enfant, de le frustrer, qu'ils n'osaient plus lui imposer de limites.
L'apprentissage de la propreté se situe dans le prolongement de l'affirmation identitaire de l'enfant par la résistance aux ordres parentaux. C'est une négociation de pouvoir. Qui sera maître de la selle de l'enfant : l'enfant ou la mère ? Est-ce que le corps de l'enfant appartient toujours à la mère qui peut continuer à le régenter comme celui d'un bébé ? Ou est-ce que l'enfant peut en disposer comme bon lui semble ?
La selle est une substance produite par le corps, qui reste invisible longtemps, mais que l'on perçoit juste avant qu'elle ne sorte de soi. C'est un morceau de soi, presque un organe qui bat. Pour un enfant, voir disparaître sa selle dans une cuvette peut être effrayant. Il pense : « Si un petit bout de moi disparaît ainsi, c'est que je peux disparaître tout entier. » L'acquisition de la propreté consiste à faire entrer un processus biologique dans un cadre culturel. La mère demande à l'enfant de respecter des lieux et des horaires qui sont les siens. L'enfant va mettre son corps à la disposition de la mère, ce qui est une grande preuve d'amour. Cela implique une conscience aiguë de son schéma corporel.

La pensée du jeu

Le jeu est une pure merveille, à la frontière de la toute-puissance de l'enfant et du monde de la culture. Les premiers jeux du bébé investissent le visage maternel. Le tout-petit explore la bouche avec ses doigts, tire les oreilles, s'agrippe à ses cheveux ou à ses lunettes. C'est un corps à corps, qui correspond à un besoin de délimiter son corps et celui de sa mère.
Le jeu de cache-cache a été célébré dans l'œuvre de Freud. Le fondateur de la psychanalyse raconte le jeu d'un enfant dans son parc avec une bobine, qu'il s'amusait à faire s'éloigner et revenir. Freud montrait que l'enfant essayait alors de régler la douleur de la séparation avec sa mère.
En devenant le metteur en scène fasciné de la disparition puis de la réapparition de la bobine, l'enfant apprivoisait l'absence.
Freud soulignait une dimension essentielle du jeu : l'enfant devient le penseur de son imaginaire. Il joue avec ses représentations mentales. C'est le plaisir de la conquête, de la maîtrise, de l'angoisse chassée du logis.
Vers dix-huit mois, l'enfant accède à la fonction symbolique. C'est un progrès phénoménal. Il se met à représenter des choses et des actions par

des substituts. Il le prouve par son jeu : il emploie un objet prosaïque pour signifier quelque chose d'autre : un bâton devient un fusil, un chapeau fait de lui un général. Il arrive à parler de quelque chose qui n'est pas là.
Bientôt on voit apparaître le plaisir de « faire semblant ». Jouer au papa et à la maman est un comportement universel. Les poupées sont des objets d'une grande puissance magique. Lorsque l'enfant réprimande sa poupée, il écluse son sentiment d'impuissance et la peur d'être grondé. Il s'approche du monde privilégié de l'autorité, jusqu'ici réservé aux parents. Souvent l'enfant retourne les situations vécues dans la journée : il devient parent, maître ou maîtresse, professeur de sport. Il est tout à coup « Superman » ou « Supermaman », il flotte dans l'imaginaire, il se prend pour un dieu.
Le jeu est une fonction vitale. Il est un exutoire naturel de toutes les situations qui ont pu être angoissantes ou frustrantes : l'enfant devient le grand maître de cérémonies. C'est pourquoi le jeu a une telle importance dans la gestion de la violence, notamment chez le petit garçon. Il déplace sur les objets toute une série de passions – craintes, pulsions, frustrations – qui ne sont pas tout à fait licites dans le commerce journalier.
Les enfants ont des angoisses extrêmement fortes, liées à leur sentiment d'impuissance. Ils ne peuvent pas toujours maîtriser leur mère qui leur échappe trop souvent. Ils ont peur des représailles quand ils se sentent mauvais ou punissables.
Une nouvelle fois, l'art d'être parent va consister à accompagner ces angoisses pour les apaiser. C'est un équilibre à trouver. Les parents doivent protéger l'enfant quand il se sent en péril. Mais lui apprendre aussi à apprivoiser sa peur. Les contes sont alors pour lui un recours merveilleux.

Qui suis-je ?

Toute la vie d'un enfant tend vers cette question fondamentale pour chacun d'entre nous : qui suis-je ? L'acceptation de la solitude et de la séparation n'est sans doute jamais totalement accomplie dans notre vie. Nous portons tous en nous ce désir d'être attaché à quelqu'un d'autre, que ce soit une autorité tutélaire ou une source de protection ou d'amour. Nous installons des images symboliques à l'intérieur de nous-mêmes (idéaux, interdits, prédilections) qui remplacent nos parents.
Le deuil des attachements anciens est peut-être la tâche la plus difficile à laquelle est confronté un être humain.
Dans cette quête d'identité, l'enfant est le cocréateur de sa biographie. À chaque étape de son développement, l'enfant invente de nouvelles significations qui organisent ses expériences vécues en fonction d'un sens qui lui est propre. Il réinterprète ce qu'il reçoit, il y ajoute une nouvelle dimension.
Les formes d'attachement de la petite enfance, les sélections que l'on fait au fil des premières années, constituent les fondements de notre personnalité. Ce qui est tragique ou magnifique,

comme on voudra, dans le développement humain, c'est qu'on ne devient soi-même qu'à partir de l'autre. Les enfants peuvent organiser mentalement les expériences qu'ils traversent uniquement si leur environnement leur renvoie une lecture d'eux-mêmes. Les parents sont les points de relais de la culture. Ils sont constamment en train d'apporter un sens aux gestes les plus intimes de l'enfant. Il reste cependant, tout au fond de chacun, un élément fondateur, un sceau qui nous fait dire, des premiers balbutiements jusqu'à l'âge adulte, « c'est moi ! », un sentiment de permanence, une mémoire viscérale, un archivage d'expériences, qui assure ainsi le fil rouge de la vie humaine.

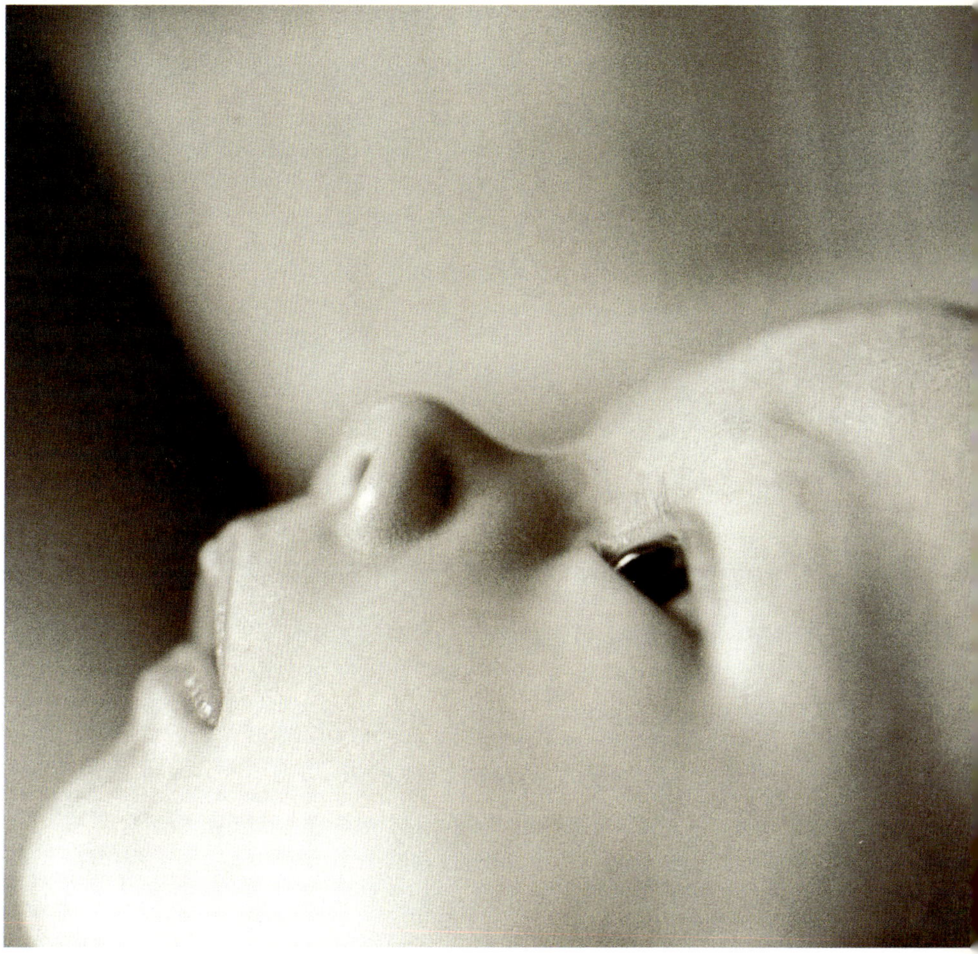

*

« L'aurore aux doigts de rose » se lève à nouveau sur nous, comme elle montait, aussi pure et transparente que celle-ci, sur Ulysse revenant d'Ithaque, il y a quelques millénaires. Rien n'a changé sous le soleil. La vie garde son mystère. Nous voilà de retour parmi les vivants. L'agitation du jour nous appelle. Votre bébé remue ses bras. Il ouvre ses paumes. Il a faim et vous avez sommeil. Vos traits sont pâles. Pardonnez-moi de vous avoir importunée ainsi. Les jeunes accouchées sont des dormeuses en plein jour. Je vous laisse à votre bébé. Notre Odyssée aura duré une nuit de printemps. La vôtre commence à peine…

CRÉDITS PHOTOGRAPHIQUES

Les photographies illustrant la *Lettre à une mère* sont de Valérie Winckler de l'agence Rapho.

AKG, Paris : 42, 44 © ADAGP-1999.

Artephot/A. Held, Paris : 56 (ph. Oroñoz), 98.

Artothek, Peissenberg : 23 © ADAGP-1999, 45 (ph. Joachim Blauel), 64 © Diego Rivera and Frida Kahlo Trustee-1999, 66 (ph. Dr. Brandstätter), 66-67 © ADAGP-1999, 85 (ph.Christoph Sandig), 87 (ph. Hans Hinz) © D.R., 102 © ADAGP-1999.

BPK, Berlin : 11.

The Bridgeman Art Library, Londres : 17 © Procter Estate, 29, 46-47 © ADAGP-1999, 100 © ADAGP-1999.

The Cleveland Museum of Art, Cleveland, Ohio : 97 (legs Leonard C. Hanna, Jr., 1958.39).

G. Dagli-Orti, Paris : 12, 15, 27, 40, 51, 52-53, 58, 59, 74, 75.

Electa, Milan : 30-31.

Collection Samuel Josefowitz : 32 © ADAGP-1999.

Galerie St Etienne, New York, collection particulière : 103.

Kumon Institute of Education co., Ltd., Osaka : 70.

Erich Lessing/Magnum Photos, Paris : 54, 55, 79, 83, 91 © The Oskar Schlemmer Family Estate and Archive-1999.

MNAM/ Collection Centre Georges Pompidou, Paris : 69 © D.R.-1999.

Paula Modersohn-Becker Museum, Brême : 20-21.

Nasjonalgalleriet, Oslo, 1999 : 107 (ph. J. Lathion).

The National Gallery, Londres : 41, 80-81.

Österreichische Galerie Belvedere, Vienne : 43.

Antonio Quattrone, Florence : 3.

RMN, Paris : 6 (ph. J. Schormans), 8 (ph. H. Lewandowski) © D.R.-1999, 24 (ph. Thierry Ollivier), 25, couverture et 35 (ph. Preveral) © ADAGP-1999, 36, 37 © ADAGP-1999, 38-39, 49 (ph. R.G. Ojeda) © Succession Picasso-1999, 61, 62-63 (ph. H. Lewandowski), 71 (ph. G. Blot) © Succession Picasso-1999, 78 (ph. H. Lewandowski), 82 (ph. P. Bernard), 84, 93 (ph. H. Lewandowski), 94 (ph. C. Jean), 95 (ph. R.G. Ojeda), 104 (ph. C. Jean).

Scala, Florence : 14, 18, 19 © Succession Picasso-1999, 73, 89 © ADAGP-1999, 99 © ADAGP-1999.

The Wallace collection, Londres : 76-77.

Les citations de ce livre sont extraites des œuvres suivantes :

Louis Aragon, *Les Beaux Quartiers*
James M. Barrie, *Peter Pan*
Charles Baudelaire, *Les Fleurs du mal*
Nina Berberova, *C'est moi qui souligne*
André Breton, *L'Amour fou*
Albert Camus, *Le Premier Homme*
Lewis Carroll, *Alice au pays des merveilles*
Albert Cohen, *Le Livre de ma mère*
Colette, *La Maison de Claudine*, *L'Étoile Vesper*, *Paysages et portraits*
Marguerite Duras, *Un barrage contre le Pacifique*
Romain Gary, *La Promesse de l'aube*
Jean Giono, *Le Grand Troupeau*, *La Chasse au bonheur*
Witold Gombrowicz, *Ferdydurke*
Amadou Hampaté Bâ, *Amkoullel, l'enfant peul*
Peter Handke, *Histoire d'enfant*
Victor Hugo, *L'Art d'être grand-père*
Rudyard Kipling, *Histoires comme ça*
Pierre Loti, *Le Roman d'un enfant*
Katherine Mansfield, *Sur la baie*
Carson McCullers, *Le Cœur hypothéqué*
Montaigne, *Essais*
Marcel Pagnol, *La Gloire de mon père*
Marcel Proust, *À la recherche du temps perdu*, *Sur la lecture*
Charles Ferdinand Ramuz, *Histoire de Paul*
Rainer Maria Rilke, *Lettres à un jeune poète*
Jean-Jacques Rousseau, *Les Confessions*
Antoine de Saint-Exupéry, *Terre des hommes*, *Lettres à sa mère*
Nathalie Sarraute, *Enfance*
Stendhal, *Vie de Henry Brulard*
Robert L. Stevenson, *L'Île des voix*
Rabindranath Tagore, *Souvenirs d'enfance*
Lev Tolstoï, *Enfance*
Pamela L. Travers, *Mary Poppins*
Marina Tsvetaeva, *Mon Frère féminin*
Jules Vallès, *L'Enfant*
Stefan Zweig, *Le Monde d'hier*

Merci à Catherine Meyer pour l'éclairage précieux qu'elle a donné à ce livre.

Assistante d'édition : Mireille Paolini
Documentation : Marie Leroy, Raya Baudinet, Corinne Tanay

Direction artistique : Hélène Lévi
Réalisation : Cursives, Paris
Couverture : Studio Aparicio
Photogravure : Fotimprim, Paris
Impression : Amilcare Pizzi, Milan

Imprimé en Italie
ISBN : 2-913366-00-7
Dépôt légal : octobre 1999